贵州省哲学社会科学一般项目
"贵州现代农业组织化及效率研究"（项目编号：13GZYB29）

Nongye Chanyehua Yu Gongyinglian Guanli Juece Yanjiu

# 农业产业化与供应链管理决策研究

谭 建 罗家富 著

中国社会科学出版社

# 图书在版编目（CIP）数据

农业产业化与供应链管理决策研究/谭建，罗家富著.—北京：中国社会科学出版社，2017.8
ISBN 978-7-5203-0835-9

Ⅰ.①农… Ⅱ.①谭…②罗… Ⅲ.①农业产业化—研究—中国 ②农业—供应链管理—管理决策—研究—中国 Ⅳ.①F320.1 ②F324

中国版本图书馆 CIP 数据核字（2017）第 203785 号

---

| | |
|---|---|
| 出 版 人 | 赵剑英 |
| 责任编辑 | 刘晓红 |
| 责任校对 | 沈丁晨 |
| 责任印制 | 戴　宽 |

| | |
|---|---|
| 出　　版 | 中国社会科学出版社 |
| 社　　址 | 北京鼓楼西大街甲158号 |
| 邮　　编 | 100720 |
| 网　　址 | http://www.csspw.cn |
| 发 行 部 | 010-84083685 |
| 门 市 部 | 010-84029450 |
| 经　　销 | 新华书店及其他书店 |

| | |
|---|---|
| 印　　刷 | 北京明恒达印务有限公司 |
| 装　　订 | 廊坊市广阳区广增装订厂 |
| 版　　次 | 2017年8月第1版 |
| 印　　次 | 2017年8月第1次印刷 |

| | |
|---|---|
| 开　　本 | 710×1000　1/16 |
| 印　　张 | 10.75 |
| 插　　页 | 2 |
| 字　　数 | 159千字 |
| 定　　价 | 48.00元 |

---

凡购买中国社会科学出版社图书，如有质量问题请与本社营销中心联系调换
电话：010-84083683
版权所有　侵权必究

# 目　录

## 第一章　贵州现代农业发展概述 …………………………………… 1

### 第一节　导论 ………………………………………………………… 1
### 第二节　贵州现代农业发展状况分析 ……………………………… 4
　　一　贵州地区现有概况 …………………………………………… 4
　　二　贵州现代农业发展现状分析 ………………………………… 5
　　三　贵州现代农业发展存在的主要问题 ………………………… 7
### 第三节　贵州现代农业发展趋势分析 ……………………………… 9
　　一　贵州现代农业发展模式分析 ………………………………… 9
　　二　贵州现代农业的发展趋势分析 ……………………………… 10
### 第四节　龙头企业带动型现代农业组织经营模式分析 …………… 17
　　一　龙头企业带动型现代农业产业化发展
　　　　模式机理分析 …………………………………………………… 17
　　二　经营模式分析 ………………………………………………… 18

## 第二章　贵州省农户合作经营模式 …………………………………… 22

### 第一节　引言 ………………………………………………………… 22
### 第二节　贵州省农户合作经营模式发展现状 ……………………… 24
　　一　贵州农户合作经营的现状 …………………………………… 24
　　二　贵州农户合作经营面临的困境 ……………………………… 25
　　三　贵州农户合作经营发展成就及促进举措 …………………… 25
### 第三节　贵州农业的特征及发展中农户合作经营的需求 ………… 26
　　一　贵州农业基本条件 …………………………………………… 26

  二　贵州农业基本特征 …………………………………………… 28
  三　基于贵州农业发展视角下农户合作经营分析 ……… 29

## 第三章　贵州农业组织效率
## ——以烟草为例 ………………………………… 32

 第一节　引言 ………………………………………………………… 32
 第二节　调查背景与方法 …………………………………………… 36
  一　调查背景 ……………………………………………………… 36
  二　调查方法 ……………………………………………………… 37
  三　研究内容与意义 ……………………………………………… 40
 第三节　烟草种植成本—收益分析 ………………………………… 41
  一　烟叶种植成本与收益主要指标体系 ………………………… 41
  二　地区烟叶种植总体成本与收益分析 ………………………… 43
  三　育苗阶段成本—收益分析 …………………………………… 51
  四　种植阶段成本、收益与质量分析 …………………………… 58
  五　有机烟与无机烟成本—收益分析 …………………………… 69
 第四节　现代烟草农业组织效率与规模 …………………………… 70
  一　引言 …………………………………………………………… 70
  二　模型、指标选取及数据来源 ………………………………… 71
  三　效率评价与最优规模确定 …………………………………… 73

## 第四章　基于供应链的绿色农产品质量管理研究 ………… 79

 第一节　农产品种植规模及质量决策研究 ………………………… 79
  一　引言 …………………………………………………………… 79
  二　模型假设 ……………………………………………………… 80
  三　模型建立 ……………………………………………………… 80
  四　模型分析 ……………………………………………………… 82
 第二节　农民专业合作组织激励机制研究 ………………………… 84
  一　引言 …………………………………………………………… 84
  二　模型假设 ……………………………………………………… 85

三　模型建立 …………………………………………… 86
　　　四　模型分析 …………………………………………… 87
　第三节　农产品供应链协调：价格与绿色水平 …………… 90
　　　一　引言 ………………………………………………… 90
　　　二　模型描述 …………………………………………… 91
　　　三　不同契约下的绿色供应链均衡 …………………… 92
　　　四　结果讨论 …………………………………………… 96

第五章　农业产业化经营中动态产量和价格契约 ………… 109
　第一节　引言 ………………………………………………… 109
　第二节　模型假设 …………………………………………… 110
　第三节　模型建立 …………………………………………… 112
　　　一　统一价格交易机制 ………………………………… 112
　　　二　歧视价格交易机制 ………………………………… 115
　第四节　模型比较分析 ……………………………………… 116
　第五节　本章小结 …………………………………………… 117

第六章　生产能力约束下农业供应链产品质量协调机制 … 119
　第一节　引言 ………………………………………………… 119
　第二节　模型假设 …………………………………………… 120
　第三节　模型建立 …………………………………………… 121
　　　一　集中决策模型 ……………………………………… 121
　　　二　分散决策模型 ……………………………………… 122
　第四节　模型分析与仿真 …………………………………… 123

第七章　农业供应链网络信息共享演化博弈研究 ………… 127
　第一节　引言 ………………………………………………… 127
　第二节　演化博弈模型 ……………………………………… 128
　　　一　模型假设 …………………………………………… 128
　　　二　模型构建 …………………………………………… 129

三　复制动态方程 …………………………………………… 129
　　四　平衡点及其稳定性分析 ………………………………… 130
第三节　数值仿真 …………………………………………………… 131
　　一　固定惩罚对演化轨迹的影响 …………………………… 131
　　二　风险成本对演化轨迹的影响 …………………………… 134
第四节　带记忆遗传算法的信息共享演化博弈 ………………… 136
　　一　网络拓扑结构对演化博弈的影响 ……………………… 141
　　二　染色体突变概率对演化博弈的影响 …………………… 143
　　三　惩罚力度对演化博弈的影响 …………………………… 143

附　录 ………………………………………………………………… 144

参考文献 ……………………………………………………………… 158

# 第一章　贵州现代农业发展概述

## 第一节　导论

农业的发展经历了漫长的岁月，近几十年来，已经有无数国内外的学者对不同时期的农业发展进行了深入研究，尤其是对现代农业的深入研究，发现农业在发展过程中所存在的一些问题，在研究的同时，也为后人提供了清晰的研究思路，并且针对目前现代农业研究领域存在的问题提出了许多的建议和措施，来推进农业现代化以及现代农业的快速发展。

对我国现代农业的研究中，肖文博（2014）指出，我国现代农业的发展存在社会和经济两个方面的问题，为了使现代农业能够保持可持续发展，就必须以循环经济发展的体系来引导现代农业的发展；刘喜波（2012）等在对我国农业发展规划的研究中指出，我国农业的发展是以生态学为基础的生态农业和景观农业发展，并且具有很大的发展前景；Chen Zeng（2013）根据生态伦理学对我国的现代农业发展进行了研究，指出发展生态农业是一个大方向，而且要注重生态安全、生态利弊等问题；刘栋栋（2013）指出，信息化是农业现代化的标志和关键，同时也是解决农业发展问题的重要途径。

Qing Wang和Chen Li（2014）也指出，农业现代化是国际现代化的重要部分，信息化更是经济和社会发展不可避免的趋势。在对日本农业现代化研究领域中，全斌（2010）指出，日本的农业发展模式从2005年开始出现MIDORI生态农业模式，并且借鉴日本的这种模式来研究我国农业，加快传统农业向现代农业过渡速度。在对美国现代农业的发展研究中，蒋和平（2008）等根据美国现代农业的发展模式，针对我国的现代农业提出了绿色环保可持续农业的发展方式。

目前，对贵州省现代农业发展进行研究的学者中，滕明雨（2013）等在贵州省农业发展的方向研究中，通过对贵州的自然条件、政府政策以及资源能源等方面进行综合性的总结，得出贵州农业发展需要结合贵州地区的各方面条件，应该符合贵州所处的地域环境，朝着生态化的方向是贵州农业发展的必然趋势；王永平（2009）等也曾对贵州现代农业的发展模式和路径进行了研究，他们通过对贵州现代农业的发展特殊背景，得出贵州现代农业的发展应该坚持农业生态化并且应当以农业产业化为前提；杨丽莎（2014）以贵州地区为例，对山地农业的发展作了深入的研究，其中提到，农业的发展必须依靠农民合作，在此基础上解决"三农"的困境，带动贵州农业的发展，促进农业经济的增长；张建（2010）介绍了贵州省推进现代农业的集中发展模式，其中包括生态型和循环型等发展的重点，并且探讨了贵州省的未来发展方向主要是生态型农业和循环型农业。在对现代农业进行研究的学者中，采用定量分析方法来对农业进行分析的有：吕世勇（2008）表明贵州是一个典型的喀斯特地形，基于脆弱的生态环境、落后的经济条件，运用统计分析、比较分析等方法，对贵州省的毕节地区现代农业进行分析，同时也衍生出贵州现代农业的发展状况，提出生态型农业是贵州发展的一大趋势；龙海（2014）等通过对贵州省农村信息化的调查，运用 SPSS 软件对调查数据处理过后得出，贵州的农业信息化力度还不够，农业的发展依靠信息技术是一项必要的措施；伍应德（2013）通过对贵州喀斯特山区现代农业的发展模式探讨，指出贵州独特的生态环境和丰富的生态资源为贵州的现代农业发展提供了客观条件和物质基础，因此生态化农业必然是贵州现代农业的发展趋势；王天生（2011）等指出，要想加快贵州现代农业的发展，加快农业机械化是推进农业快速发展的重要工作，这是贵州现代农业发展的一大必然趋势；王晋臣（2012）以贵州省毕节地区为主要研究区域，运用聚类分析法等对该地区的现代农业功能进行了明确的划分，并且针对贵州所处的典型喀斯特地貌，为贵州省现代农业发展提供一些建议；李昌来（2012）在国务院针对贵州农业发展发布的新指南中，结合贵州的自然生态环境，指出贵州应该发挥好各种优势，开辟出一条与贵州自身农业发展相符合的后发赶超之路；黄兵（2010）指出农村信息化是贵州农业信息化的基础，并且提及电子农业这一概念，通过信息和通信技术，可以以更快的速度发展农业；Zhang（2013）以贵州省毕节地区的现代农业发展为研究对象，指出发展现代农业必须认清现代农业的发展形势并且找到存在的问题，才能更好地促进现代农业的发展；李用凯（2013）指出，贵州省推进现代化农业是一项非常复杂的系统性工程，必须实事求是、因地制宜、合理规划、循序渐进。

从所参考的文献中可以看出，现代农业发展研究很多，并且研究的结果也比较符合现阶段现代农业的发展趋势。根据以上综述可以得知，目前对贵州省现代农业发展趋势的研究相对较少，而且研究的方法都是比较分析法等，如出一辙，并没有特别突出的地方。在目前已有的对现代农业进行研究的成果中，运用的研究方法有统计分析法、聚类分析法、比较分析法以及运用 SPSS 软件进行相关的数据处理。

贵州省是我国西南部地区的一个农业大省，自古以来，都是以农业为根本，可以说农业是贵州省的经济命脉，农业的发展程度直接决定贵州省的经济增长速度。贵州多为山地，地势崎岖，部分地区都是以梯田、斜坡为主，坡幅较大，很难实现机械化，而且主要的种植形式都是自给自足，但是随着现代科学技术的快速发展，实现农业机械化也得到了一定的保障，通过修路建桥等措施来满足实现农业机械化的条件，为了适应贵州省的省情和其地域特征，相关政府部门也制定了符合贵州现代农业发展的措施，实现农业现代化的快速发展。目前，现代农业机械化、信息化、生态化、可持续化等几大发展模式必然是贵州现代农业发展的未来趋势，本章主要是针对贵州的现代农业还处于一个经济比较落后、交通不畅、技术不先进的发展阶段，对贵州省现有的农业发展状况以及未来的发展趋势进行分析。

## 第二节 贵州现代农业发展状况分析

### 一 贵州地区现有概况

（一）自然环境分析

贵州地处我国西南部，介于东经103°36′到109°35′、北纬24°37′至29°13′之间，东面紧靠湖南省，南面与广西壮族自治区相邻，西面与云南相毗，北面接连四川、重庆两省市，从东到西横跨距离长达595千米，南北垂直距离为509千米。全省土地面积总共约17.6万平方千米，占全国土地面积的1.84%。贵州省山川秀丽，气候宜人，资源丰富，是我国西南部地区的自然资源大省。

贵州是典型的喀斯特地貌，全省主要是以高原山地、丘陵和盆地三种类型为主，境内地势西高东低，向北、东、南三面倾斜，平均海拔在1100米左右。经过相关部门的调查和检测，出露的喀斯特地貌总面积达10.9万平方千米，约占贵州省土地面积的62%，而且形态类型多样，地域分异明显，构成一种特殊的岩溶生态系统。

贵州属亚热带湿润季风气候，气候温暖与湿润相互交叉，年气温变化差异不大，冬暖夏凉，气候宜人，被称为人类避暑的天堂。贵州各地年平均气温几乎保持15℃左右。降水量丰富，雨季明显，阴天数多于日照数。年平均降水量在1100—1300毫米，受季风气候的影响，降水时间大多集中于夏天；全年日照时数约1300小时，阴天日数一般为150天左右，相对湿度常年较高，受大气环流及地形等因素的影响，气候经常变化，灾害性天气种类较多，导致农业的生产也受到了一定的影响。

（二）社会经济环境分析

自党的十八届三中全会以来，贵州省全面致力于深化改革，实现"十二五"规划目标，以十八届二中、三中全会和中央经济工作会议精神为指导，坚持主基调、主战略，坚持稳中求进、提速转型、又好又快，牢牢抓住改革开放关键一招，牢牢守住发展和生态两条底线、进一步深化改革开放、进一步强化创新驱动、进一步调整优化结构、进一步保障改善民生、进一步建好生态文明,努力保持经济持续健康发展、社会和谐稳定。确保粮食安全、调整农业结构、提高农业产业化经营水平等都是目前加快农业经济发展的有效措施。

近几年来,贵州经济增长速度快,地区生产总值持续增长,每一年同比增长都比较明显,粮食总产量在2014年达到1100万吨,农民人均纯收入增长15%,减少贫困人口150万人;城镇新增就业65万人,城镇登记失业率控制在4.2%以内;人口自然增长率在5.8‰以内;单位生产总值能耗下降2.8%,节能减排指标控制在国家下达计划范围内,居民消费价格涨幅控制在3.5%左右。

## 二 贵州现代农业发展现状分析

### (一) 农业产业结构分析

改革开放三十多年来,贵州省经济发展速度取得了巨大发展与进步,但贵州全省GDP总量及人均GDP长期处于全国下游水平,仍然是一个欠发达省份,其中,贵州省"三农"问题尤其严峻,农业和农村经济发展存在许多问题,面临诸多困难,截至2012年年底,整个贵州省的人均可支配收入达到4753元,主要是以农业为主的家庭经营占主要收入,其比例达47.3%。产业结构不合理、农业基础投入少、人口总体素质低、农民人均纯收入低下、生态环境恶化尚未得到有效遏制以及政府控制制度不完善等都是目前贵州省农业发展过程中存在的问题,针对这些问题,相关部门也正在努力制定相关的政策和措施,尽快解决现代农业发展结构存在的问题。

### (二) 农业物资投入水平分析

贵州省是一个生态较为脆弱的农业省,面临许多阻碍农业发展的难题,交通的不顺畅,阻碍了农产品在省外的交易,基础设施较为薄弱,无法大量生产,导致农产品的加工数量减少,加大了生产成本,降低了农民的经济收入。除此之外,自然环境的各种灾害,从某种程度上进一步恶化了贵州省农业经济的发展处境,导致这些问题的原因是,目前贵州省正处于经济建设快速发展的时期,经济投入相对较少,这就造成基础设施上的缺陷,无法从根本上解决后期的发展和生产问题。从表1-1中的数据可以看出，贵州在农业投入上还处于全国较低的水平，与很多省份仍然存在巨大的差距，因此，要想加快贵州省现代农业的发展，首先必须解决的问题就是加大对农业物资的投入水平，为现代农业的发展奠定坚实的生产基础，才能使现代农业更好、更快地发展。

表1-1  2012年年末我国农村家庭生产性固定资产拥有量

| 地区 | 汽车（辆） | 拖拉机（台）大中型 | 拖拉机（台）小型、手扶 | 脱粒机（台） | 农用水泵（台） | 役畜（头） | 畜产品（头） |
| --- | --- | --- | --- | --- | --- | --- | --- |
| 浙江 | 5.97 | 1.37 | 2.41 | 4.89 | 10.44 | 5.59 | 71.89 |
| 江西 | 5.02 | 1.39 | 10.12 | 25.31 | 28.09 | 21.98 | 16.37 |
| 广西 | 6.01 | 2.14 | 20.17 | 28.31 | 31.82 | 38.74 | 40.35 |
| 重庆 | 3.77 | 0.39 | 0.94 | 21.50 | 20.83 | 27.76 | 49.33 |
| 四川 | 3.90 | 0.88 | 2.80 | 30.20 | 36.93 | 24.50 | 53.75 |
| 贵州 | 4.33 | 1.25 | 1.43 | 16.92 | 10.71 | 52.14 | 48.62 |
| 云南 | 6.26 | 3.21 | 14.50 | 18.17 | 20.33 | 56.80 | 79.08 |
| 西藏 | 20.70 | 7.23 | 57.80 | 13.18 | — | 384.53 | 802.84 |
| 北京 | 6.33 | 0.53 | 2.13 | 0.30 | 1.03 | 0.93 | 12.53 |
| 天津 | 9.14 | 1.00 | 7.86 | 0.14 | 12.57 | 1.43 | 38.71 |
| 河北 | 9.28 | 4.74 | 29.43 | 2.77 | 22.40 | 5.98 | 72.05 |
| 山西 | 8.00 | 2.86 | 15.81 | 3.24 | 6.24 | 11.95 | 70.90 |
| 内蒙古 | 17.04 | 11.89 | 49.98 | 9.00 | 38.33 | 40.78 | 281.21 |
| 辽宁 | 18.67 | 7.27 | 13.19 | 5.09 | 37.08 | 25.25 | 95.97 |
| 吉林 | 9.94 | 14.37 | 51.06 | 7.44 | 32.19 | 21.88 | 147.31 |
| 黑龙江 | 4.51 | 24.51 | 50.76 | 3.26 | 28.21 | 5.31 | 74.02 |
| 上海 | 0.42 | — | 0.50 | 0.25 | 3.08 | — | 2.67 |
| 江苏 | 6.57 | 1.32 | 19.21 | 6.41 | 20.35 | 5.97 | 26.76 |
| 安徽 | 5.61 | 5.74 | 35.27 | 12.55 | 48.13 | 2.48 | 34.10 |
| 福建 | 5.05 | 1.48 | 4.36 | 9.24 | 10.85 | 6.70 | 74.29 |
| 山东 | 10.28 | 5.46 | 24.46 | 4.01 | 44.20 | 1.57 | 59.60 |
| 河南 | 6.11 | 4.75 | 34.07 | 10.35 | 43.35 | 9.08 | 33.52 |

续表

| 地区 | 汽车（辆） | 拖拉机（台）大中型 | 拖拉机（台）小型、手扶 | 脱粒机（台） | 农用水泵（台） | 役畜（头） | 畜产品（头） |
|---|---|---|---|---|---|---|---|
| 湖北 | 5.72 | 2.27 | 17.64 | 6.18 | 30.88 | 13.52 | 29.44 |
| 湖南 | 4.46 | 0.51 | 4.03 | 18.00 | 29.50 | 10.99 | 22.49 |
| 广东 | 6.69 | 0.55 | 6.74 | 14.99 | 13.87 | 14.69 | 15.75 |
| 海南 | 1.58 | 0.33 | 3.42 | 3.42 | 24.17 | 20.83 | 162.75 |
| 陕西 | 15.45 | 3.15 | 10.83 | 9.78 | 10.59 | 11.17 | 39.55 |
| 甘肃 | 14.55 | 5.06 | 31.50 | 15.44 | 16.11 | 46.72 | 72.72 |
| 青海 | 9.02 | 4.31 | 52.96 | 9.51 | 4.86 | 33.75 | 171.39 |
| 宁夏 | 6.00 | 9.75 | 36.88 | 5.75 | 22.25 | 24.75 | 81.38 |
| 新疆 | 36.39 | 13.16 | 36.65 | 2.45 | 10.19 | 62.71 | 484.90 |

注：资料来源于《贵州统计年鉴（2014）》，以上数据是以每百户居民家庭为一个统计单位，"—"表示此处数据无法收集到，汽车数量中包括了日常的运输车辆和胶轮大车。

（三）农业科技水平分析

在农业科技方面，贵州省的农业发展一直都处于全国农业科技发展的末端，由于贵州省是一种典型的喀斯特地貌，致使贵州省无法大规模地实现农业机械化，这是造成贵州现代农业跟不上全国农业发展的原因之一。除无法全面实现机械化之外，由于贵州省经济落后，信息技术也很难应用到农业的发展中去，导致在农业生产过程中，大量地投入劳动力，经济效率相应降低。综合很多方面的原因来看，贵州省现代农业的发展亟须提高科技水平，加快农业发展的步伐，实现农业信息化，提高农业科技水平。

### 三 贵州现代农业发展存在的主要问题

贵州省作为我国西南地区以农业为主的贫困大省，在现代农业的发展过程中存在很多问题，阻碍贵州省现代农业的快速发展，主要存在的问题有农业产业结构不合理、农业基础投入少、人口总体素质低、农民人均纯收入低下、生态环境恶化尚未得到有效遏制。

（一）农业产业结构不合理

主要表现为农业在形成产业的过程中，由于管理制度不完善，经济效益不高,政府政策控制力度不够,导致农业产业化过程中形成的结构无法满足农业向产业化方面发展的要求。

(二) 农业基础投入少

在贵州省现代农业的发展历程中,大多数都习惯于传统型农业的生产与加工,只知道使用人力去对各类农产品进行加工和生产,并没有意识到加大对农业生产的投入,提高效率,减少劳动力的大量投入,从表1-1中的数据来看,贵州省的农业基础投入比较少,在短时间之内无法快速提高农业的发展速度。

(三) 人口总体素质低

农民在农产品的收获和加工过程中,都是运用传统的工作手段,主要是以人力劳动力为主。贵州受贫困人口众多、受教育程度低、人地矛盾突出等影响,农民增收渠道十分有限,扶贫开发难度很大。

(四) 农民人均纯收入低

尽管贵州省近年来农民人均纯收入增幅高于全国平均水平,居于全国农民纯收入中等水平,但绝对增长量比全国水平低,无法快速使农民得到更多收入,增加农民的个人收入,提高农民对农业耕作的积极性。表1-2是全国部分省份在2000年、2005年、2010年到2013年这六年来的农村居民人均纯收入,地区包括云南、贵州、重庆、北京、上海、四川和安徽七个地区,而且各地的人均纯收入随着时间的推移也有很大程度的增长,在同一时间段,不同地区的人均纯收入也有很大的差别,尤其是北京、上海、重庆等几大经济发达的省份,农村居民人均纯收入与西部地区的很多省份存在很大的差异。

表1-2　　　　　　　全国部分地区农村居民人均纯收入

| 地区 | 2000年 | 2005年 | 2010年 | 2011年 | 2012年 | 2013年 |
| --- | --- | --- | --- | --- | --- | --- |
| 云南 | 1478.6 | 2041.8 | 3952.0 | 4722.0 | 5416.5 | 6141.3 |
| 贵州 | 1374.2 | 1877.0 | 3471.9 | 4145.4 | 4753.0 | 5434.0 |
| 重庆 | 1892.4 | 2809.3 | 5276.7 | 6480.4 | 7383.3 | 8332.0 |
| 北京 | 4604.6 | 7346.3 | 13262.3 | 14735.7 | 16475.7 | 18337.5 |
| 上海 | 5596.4 | 8247.8 | 13978.0 | 16053.8 | 17803.7 | 19595.0 |

续表

| 地区 | 2000年 | 2005年 | 2010年 | 2011年 | 2012年 | 2013年 |
|---|---|---|---|---|---|---|
| 四川 | 1903.6 | 2802.8 | 5086.9 | 6128.6 | 7001.4 | 7895.3 |
| 安徽 | 1934.6 | 2641.0 | 5285.2 | 6232.2 | 7160.5 | 8097.9 |

资料来源：《贵州统计年鉴（2014）》、《中国统计年鉴（2014）》。

**（五）生态环境恶化尚未得到有效遏制**

近年来，贵州的生态环境持续遭到破坏，水土流失，土壤有机物资大量缺失，导致农作物的生长遭受很大的危害，庄稼收获量不大，污水、工业废弃物等使土地遭到严重的破坏，致使贵州农业的生态环境在持续恶化的过程中无法得到全面而有效的治理和整顿。

## 第三节　贵州现代农业发展趋势分析

### 一　贵州现代农业发展模式分析

自从改革开放以后，由于贵州地区遭受到人居环境的生活污染，导致生物多样性逐渐丧失、土地沙漠化越来越严重以及农产品生产量和需求量过剩，从而引发人类对未来不可再生资源的恢复能力、土壤生产力维持、生态环境保护等问题的反思。为了寻找一种既能使农业持续发展，又能永续利用资源、保护生态环境的替代农业模式，贵州省目前的现代农业发展模式主要有两种：持续型农业和生态型农业。

**（一）持续型农业**

持续型农业是很多经济相对比较发达国家的学者于20世纪80年代提出的，在农业新模式的经营方面具有很大的代表性。对于持续农业这一概念和定义，不同的国家根据不同的国情，对其概念理解也存在一定的差异。联合国粮农组织所作的定义是：持续型农业是指对自然资源基础进行保护和管理，并且根据要求适时调整技术和机构方向，以便确保获得和持续满足现有几代人和后人需求的良性农业。这个定义是国际上普遍能够接受的定义。贵州实行持续型农业模式是自古以来就存在的一种传统模式，从贵州的地理位置、经济条件、生态环境、社会基础等方面入手，结合贵州省省情，贵州延续和发展持续型农业是确保现代农业长远发展的基础条件，完善持续型农业发展系统，建立持续农业管理制度，必然使贵州农业的发展道路走得更长远、更顺利，同时也能为贵州带来更多的经济利益。

（二）生态型农业

生态型农业指的是一个依靠自然环境能够进行自我维持、恢复的农业系统。生态型农业可以使所消耗的能量降低到最少，所有的副产物采用二次循环的形式，再次投入到生产中，这也是贵州一直以来所保留的农业发展模式。贵州根据地理条件的优势，采用生态型农业来进行现代农业的发展是贵州一直保持不变的定向趋势，在贵州现代农业的发展中，大多提倡使用固氮植物，通过使用农家肥料、农作物轮作和腐殖质肥料等一些技术来保持土壤的肥沃，以此来提高农业生产的环保性能，增加稳定性，并保证最大生物量的生产。

## 二　贵州现代农业的发展趋势分析

（一）农业机械化分析

20世纪以来，世界农业发生了巨大变化，农业单产提高了几十倍，在这重大变化中，除了传统型的耕作和灌溉方式之外，采用机械来代替人畜力的投入，必然会大幅度地提高农业生产效率，也能够减少成本的投入，这是机械能够成为未来发展趋势的一个重要原因。近年来，贵州省甚至是全国都致力于农业朝着机械化方向发展，因为实行机械化可以为农民增收争产，同时，也为第二产业和第三产业的发展提供了大量的劳动力基础。农业机械化水平和效益的高低已经成为我国甚至是全世界现代农业发展水平的一个衡量标杆，也是农业现代化发展的重要标志。政府部门也在对农业生产、种植等条件进行大力的修建和整顿，并且倡导农民迈向机械化，也指出加速发展农业机械化是推进贵州现代农业发展的重点任务。

近年来，农民所拥有的农用机械也在逐步增加，虽然贵州的地势不宜采用机械来进行播种、收割，但是随着社会的发展，通过修路建桥等方式，大大增加了农业器具的使用效率，也提高了农民对农业生产的积极性。从 2007 年开始，农民家庭拥有农用机械开始增加，无论是从性能还是数量，都有很大的提升（见表 1-3）。从 2005 年到 2009 年这 5 年间，贵州省农机总动力增长了 58.81%，2009 年贵州省农机总动力增长到 1606.42 万千瓦，2009 年完成机耕面积 910 万亩，机械灌溉 625 万亩，机械半机械化脱粒 355 万吨，进一步增强了农机社会化服务能力。

表 1-3　　　　2013 年年末贵州与全国拥有主要农机数量差距

| 年份 | 全国 | 贵州 | 所占比例（%） |
| --- | --- | --- | --- |
| 2008 | 61501856 | 274200 | 0.45% |
| 2009 | 64500162 | 295500 | 0.46% |
| 2010 | 67296253 | 307400 | 0.46% |
| 2011 | 69812683 | 322000 | 0.46% |
| 2012 | 71089220 | 354900 | 0.50% |
| 2013 | 74145300 | 371900 | 0.50% |

资料来源：《中国统计年鉴（2014）》、《贵州统计年鉴（2014）》。表中所占比例是指在 2013 年年末贵州与全国拥有主要农机数量之比，用% 表示；数量单位是台，表中的农机数量主要包括大、中、小型拖拉机及其配套设备和农用排灌采油机。

从表 1-3 中得出的数据可知，贵州所有的农机数量在全国拥有的农机数量中占比还很低，农机数量还达不到全国的一般水平，这表明贵州省的农业机械化程度还比较低，需要进一步加强机械化农业的相关政策和措施，首要目标是达到全国的平均机械化水平。但是，随着年份的增加，从全国以及贵州所拥有数量来看，总体水平还是处于增长状态，这也间接说明了现代农业的机械化是未来农业发展的一个必然方向。

在现代农业的发展过程中，机械动力是农业发展的重大保障，提高农业机械总动力，促进现代农业发展的步伐，机械拥有量也代表着现代农业的发展速度提高和发展技术的进步，从各州市所有的农业机械来看（见表 1-4），贵州省也正在朝着农业机械化的方向发展，这也是未来整个贵州甚至是全国、全世界的必然趋势。

表1-4　　　　2013年各市（州）农机总动力及拥有量

| 市（州）名称 | 农业机械总动力（千瓦） | 大中型拖拉机（台） | 小中型拖拉机（台） | 农用水泵（台） |
|---|---|---|---|---|
| 贵阳市 | 1614600 | 2856 | 3503 | 21396 |
| 六盘水市 | 1800500 | 1731 | 5262 | 16220 |
| 遵义市 | 3504600 | 7709 | 8238 | 90905 |
| 安顺市 | 1699400 | 3497 | 3732 | 52463 |
| 毕节市 | 3152900 | 5281 | 36076 | 31229 |
| 铜仁市 | 2902000 | 3981 | 11788 | 67700 |
| 黔西南州 | 2250300 | 3472 | 5009 | 47125 |
| 黔东南州 | 2759400 | 3941 | 4773 | 52210 |
| 黔南州 | 2724300 | 9396 | 7466 | 68262 |

资料来源：《贵州统计年鉴（2014）》。

从表1-5中数据可以得出，贵州省在2013年年末所拥有的农业机械数量很多，而且数量还随着年份逐年增加，在2012年的基础上，各种机械到2013年增长的幅度也有所不同，这也说明贵州省虽为山地，但是随着社会的发展，现代农业还是会朝着农业机械化的方向发展，这样会大大减少人力、物力等成本的投入，进而增加收益，提高农业发展的速度。

表1-5是2013年在2012年的基础上所增加的农业机械拥有量，以及在2013年所增加的基础上，采用一次移动平均法对2014年、2015年以后的拥有量进行预测，用于对贵州现代农业的未来发展趋势的阐述和分析。

表1-5　　　　　2013年年末贵州省主要农机数量

| 项目 | | 2008年 | 2009年 | 2010年 | 2011年 | 2012年 | 2013年 | 2013年比2012年的增长率（%） |
|---|---|---|---|---|---|---|---|---|
| 大中型 | 拖拉机（台） | 23600 | 25000 | 25300 | 31200 | 39200 | 41900 | 6.89 |
| | 配套农具（套） | 12000 | 12900 | 13600 | 13800 | 14300 | 15300 | 6.99 |

续表

| 项目 | | 2008年 | 2009年 | 2010年 | 2011年 | 2012年 | 2013年 | 2013年比2012年的增长率（%） |
|---|---|---|---|---|---|---|---|---|
| 小型 | 拖拉机（台） | 48200 | 53400 | 56600 | 66400 | 73100 | 85900 | 17.51 |
| | 配套农具（套） | 16200 | 21400 | 24700 | 26100 | 28800 | 29000 | 0.69 |
| 农用排灌机 | 电动机（台） | 171100 | 181300 | 190300 | 190600 | 210900 | 225000 | 6.69 |
| | 柴油机（台） | 174200 | 182800 | 187200 | 184500 | 199500 | 199800 | 0.15 |
| 收割机（台） | | 507 | 602 | 642 | 695 | 1057 | 1570 | 48.53 |

设当前时间为 $t$，已知时间序列观测值为 $x_1$, $x_2$, $\cdots$, $x_t$，假设连续 $n$ 个时期的观测值计算一个平均数，作为对下一期即 $(t+1)$ 期的预测值，用 $F_{t+1}$ 表示：

$$F_{t+1} = (x_t + x_{t-1} + \cdots + x_{t-n-1})/n$$

式中，$x_t$ 为最新观察值，$F_{t+1}$ 为下一期的预测值。当 $n=1$ 时，表示直接用本期观测值 $x_t$ 作为对下一期的预测值 $F_{t+1}$。

由表 1-6 可知，在 2013 年的基础上，2014 年和 2015 年两年保持相对稳定的增长趋势，并且根据各种自然条件和社会条件的不同，在平稳的时间序列中，不同机械的增长量也有所不同，预测出来的结果表明，现代农业机械化是大势所趋，是现代农民保持稳定收入的基本保障。

表1-6　贵州省2014年、2015年主要农机数量预测值

| 项目 | | 2011年 | 2012年 | 2013年 | 预测值（$n=2$） | | 预测值（$n=3$） | |
|---|---|---|---|---|---|---|---|---|
| | | | | | 2014年 | 2015年 | 2014年 | 2015年 |
| 大中型 | 拖拉机（台） | 5900 | 8000 | 2700 | 5350 | 4025 | 5350 | 5350 |
| | 配套农具（套） | 200 | 500 | 1000 | 750 | 875 | 750 | 750 |
| 小型 | 拖拉机（台） | 9800 | 6700 | 12800 | 9750 | 11275 | 9750 | 9750 |
| | 配套农具（套） | 1400 | 2700 | 200 | 1450 | 825 | 1450 | 1450 |

续表

| 项目 | | 2011年 | 2012年 | 2013年 | 预测值（n=2） | | 预测值（n=3） | |
|---|---|---|---|---|---|---|---|---|
| | | | | | 2014年 | 2015年 | 2014年 | 2015年 |
| 农用排灌机 | 电动机（台） | 300 | 20300 | 14100 | 17200 | 15650 | 17200 | 17200 |
| | 柴油机（台） | -2700 | 15000 | 300 | 6150 | 3225 | 7150 | 7484 |
| 联合收割机（台） | | 53 | 362 | 513 | 208 | 361 | 361 | 412 |

注：（1）表中选择 $n=2$ 和 $n=3$ 是为了比较选择年份数量的多少对预测值的影响程度；（2）选择数值较小的2和3是因为农业机械数量的增长并不是随机的，而是根据实际需要来使用；（3）选用一次移动平均法的原因是表中的预测是短期预测，而且时间序列具有稳定性，预测结果的准确度不会受到太大的影响。

（二）农业信息化分析

农业信息化是农业现代化水平的标志，是农业现代化的重要内容，并服务于农村与农民，促进四化融合，支撑现代农业发展。农业的发展是一个向上的发展行业，在经济快速增长的基础上，农业的现代化必然会受到各种数据的影响，逐步地变得越来越注重信息化的发展，而且通过信息化来促进农业的发展能够使农业的各种成本的投入减少很多，进而使农民得到更多的经济收入。农业现代化体现在很多方面，例如现代信息技术在农业的应用，使农业研究和生产的对象与过程实现数字化和模型化；智能化农业专家系统使农业由经验走向科学；3S技术使农业管理科学化；精准农业技术使农业由粗放到精确；网络技术使农业由闭塞到消息灵通，由传统手工农业到信息时代互联网操纵农业。

农业的现代化发展离不开各种通信设备，要想实现农业信息化，就必须先做到信息设备的完善和安装，为农业的快速发展提供坚实的保障。根据2014年的贵州统计年鉴数据（见表1-7）可知，农民获取信息的主要方式有电话、广播和电视三种，也是被广大农民接受的三种，除此之外，也有一小部分采用远程教育、农村书屋、电脑和计算机网络等手段来获取农业信息。

表1-7　　　　　　　　农村农业信息化基本情况

| 通信条件 | 2008年 | 2009年 | 2010年 | 2011年 | 2012年 | 2013年 |
|---|---|---|---|---|---|---|
| 移动电话（部/百户） | 217.07 | 259.77 | 285.64 | 361.71 | 387.99 | 401.78 |
| 广播人口覆盖率（%） | 86.1 | 86.6 | 87.5 | 88.0 | 88.5 | 90.0 |
| 电视人口覆盖率（%） | 91.3 | 91.3 | 92.5 | 92.8 | 93.0 | 94.1 |
| 彩色电视机（部/百户） | 193.45 | 210.13 | 213 | 209.71 | 211.61 | 198.37 |
| 家用电脑（部/百户） | 44.44 | 53.45 | 58.44 | 68 | 76.09 | 61.49 |

注：通信条件中的拥有移动电话数、彩色电视机拥有量以及家用电脑拥有量包含了农村和城镇两者的拥有量之和，而综合人口覆盖率的计算方法是用节目收看总人数除以居民总数。

资料来源：《贵州统计年鉴（2014）》。

通过现代互联网信息设备，人们可获得很多新的农业知识，在贵州省农业区域，农民获取的农业信息主要有种养殖技术、气象信息、田间管理技术、农产品供求信息、农企信誉、优良品种信息、农产品加工、病虫害防治等信息，如表1-8所示。

表1-8　　　　　　　贵州省农业信息获取内容情况

| 信息内容 | 主要获取方式 |
|---|---|
| 种养殖技术 | 电视、广播、电脑 |
| 气象信息 | 电视、广播 |
| 田间管理技术 | 电视、广播、计算机网络 |
| 农产品供求信息 | 电视、广播、计算机网络 |
| 农企信誉 | 电视、广播、计算机网络、电脑 |
| 优良品种信息 | 电视、广播 |
| 农产品加工 | 电视、广播、计算机网络 |
| 病虫害防治 | 电视、广播、计算机网络、农村书屋 |
| 其他 | 全部 |

（三）农业生态化分析

发展生态农业是贵州实现农业可持续发展和农业现代化的必由之

路。贵州应按照"整体、协调、循环、再生"的原则，保护农业资源和环境，走农业可持续化道路。在近现代农业时期，主要都是以"石油农业"为主，即现代农业的发展大多数都是利用能源资源、化学物品以及农业机械器具等的投入，而且在这些方面投入程度还非常高。各种资源能源的投入并没有得到充分的回收利用，在农业生产过程中，投入的东西没有实行二次利用或是循环利用，导致一些残留的能量被浪费，无法提高现代化农业发展的资源利用率。然而，随着时间的推移，所排放的废弃物也越来越多，加重了大自然生态系统的负担，在自然生态系统的承受范围之内，还可以进行自我恢复和调节，但是超出其承受范围之后，大自然就会遭到破坏，从而加剧现代农业发展的不良状况，为人类社会的未来发展带来无尽的阻碍和危害。要想解决现代农业发展中存在的高消耗、高污染等问题，人们提出寻找更贴近大自然的生产方式，即实行"生态化"农业投入方式来代替石油农业。

贵州是典型的喀斯特地形，在农业发展过程中，更加重视对生态环境的影响，保护环境持续发展的生态农业，"循环农业""低碳农业""绿色农业"这三种都是良性的农业发展模式，但各自的发展模式适应性、发展重点又不同，如何整合各种农业生态化模式的优势，提出系统完整的农业生态化路径，综合利用和协调农业系统内部结构各种资源，是当前迫切需要重视的核心问题，所以说，走生态化农业可持续发展路线是贵州未来发展的必然趋势。

（四）农业可持续化分析

可持续化农业是指在现代农业的发展过程中，既要满足当代人们的生存需求，确保人们的基本生活保障，又不能对未来的发展构成威胁和不利的发展。可持续化农业的发展既贯彻国家的可持续发展政策，也根植于人类社会未来生存的生活基础。

现代农业的可持续化是贵州农业发展的基本保障。对于贵州山区农业来说，加大利用可持续能源，实现资源和能源的循环利用，增加未来贵州现代农业发展的基础，减少不必要的投入，合理利用人力、物力，提高土地垦殖指数，降低生态环境的压力，提高土地耕作质量、效率，提升农业综合生产能力，只有做到贵州现代农业全方位的促进和提高，才能更好、更快地实现贵州现代农业的可持续化发展，为以后的长期发展奠定坚实的基础。

资源是整个农业发展系统必不可少的基本物资，在农业的发展过程中，贵州结合整个生态系统的各种物资能源和资源，依照国家政策，实现农业资源投入整个生产过程中，形成人们必需的农产品，在生产过程中，不可利用的部分就会被排放到外界，这样就形成了一个"资源—农产品—废弃物"生产流程图；未来保证整个自然界的环保型，减少整个自然界资源和能源浪费，就需要把第一次生产所排放的废弃物进行二次利用，实现资源循环利用，对废弃物进行一定的加工，再投入到产品的生产中，形成"资源—农产品—再生资源"这样一个二次利用系统，增加资源的输入率，提高资源利用率，减少资源的浪费，进而减少废弃物的产生，大大提高了生态系统的自我调节性和环保性。农业资源投入到整个农产品生产过程中，实现废弃物的回收循环利用，是贵州农业现在和未来的发展走向，也有利于确保现代农业发展资源能源的环保性、再利用性。

## 第四节 龙头企业带动型现代农业组织经营模式分析

### 一 龙头企业带动型现代农业产业化发展模式机理分析

龙头企业的定义有狭义和广义之分，狭义的龙头企业仅指农产品加工企业，其范围较为狭小。而广义的龙头企业则范围较广泛，除农产品加工企业外，还包括相关的运销企业、专业批发市场、合作社等法人、团体及组织。本书所研究和探讨的龙头企业仅指农产品加工企业，是狭义概念。除具有一般企业基本特征外，农业产业化龙头企业还具有以下特征：

（一）龙头企业属于涉农的经济实体或企业

农业产业化龙头企业和农业生产经营有着密切的联系，它既可以从事农业产业一体化经营，也可以参与其中的某个关键环节的经营活动，其经营范围与农业关系密切，受到农业的影响和制约。龙头企业与农民相互依存、相互促进、密不可分，农民对于龙头企业有着巨大意义，它是龙头企业的发展基础与主要依靠力量；而龙头企业对农民增收具有较大带动和促进作用。龙头企业与农户之间通过合同契约等形式建立合理的利益分配机制，形成较稳定的"风险共担、利益共享"的经济共同体，龙头企业和农民在产业化经营过程中"各司其职""各取其利"，不断推动农业产业化经营健康、有序、良性发展。

（二）龙头企业是典型的多元化规模经营

与其他企业相比，龙头企业大大降低了企业生产经营成本，因为它实现了产前、产中、产后的一体化经营，并进行了一系列的管理创新。龙头企业在产业化过程中进行多元规模经营，并根据市场供求关系的变化以及自身的实际生产能力，不断扩大生产规模，不断调节产品品种和生产规模，生产出适销对路的农产品及其制造品，提高农业的生产水平和生产质量。

（三）龙头企业的垂直一体化不同于工业的工厂化生产

龙头企业的垂直一体化与工业的工厂化生产的不同点主要有：第一，两者之间的关系不同，在龙头企业的垂直一体化中农户与龙头企业之间是一种平等的联合关系，工厂制下的资本家和雇佣工人是一种雇佣关系，资本家与雇员地位不平等；第二，自然因素对各自的影响不同，前者受到自然因素的影响较大，而工厂化生产则受自然因素影响较小；第三，风险承担不同，在农业产业化经营中，龙头企业要为农户承担部分自然风险和市场风险，而工厂化生产则不然。

## 二 经营模式分析

（一）契约关系模式

契约关系本质上是一种法律关系，这里指参与农业产业化经营的龙头企业与农户之间按照相互签订的合同（契约）来承担各自的权责利。即龙头企业与农户签订具有法律效力的营销合同、资金扶持合同和科技成果引进开发合同等，明确规定各方的责权利，以合同关系为纽带，进入市场，参与竞争，谋求发展。契约只是由企业和农户相互承诺以议定的价格和数量买卖农户的农产品，使农户的产品销路和企业的原材料得到较好的保障。除农产品购销关系以外，还规定企业以议定的价格向农户供应生产资料，提供技术指导；企业将一定的经营利润返还给农户。

1. 契约关系模式的基本特征

不改变联合各方的经营独立性，是一种松散型的模式，龙头企业和农户具有经营的独立性，只要按合同要求完成相应的义务即可。通过契约作为制度和法律保证，界定各利益主体之间的利益分配关系。

2. 契约关系模式的效率分析

（1）降低农业生产和经营的不确定性。考察由于自然的随机变动和消费者偏好的不可预料变化所带来的不确定性，虽然农户与龙头企业签订契约并不能降低由于自然的随机变动而产生的农业的自然风险（农业的自然风险源于农业生产对象的特殊性），但却可以降低市场风险。农业的市场风险来自农产品的供需特点和农民自身的局限，而和龙头企业签订购销合同，让龙头企业取代农民作为农业生产经营的决策者，即农民在一定程度上把经营权让渡给了龙头企业。龙头企业是以盈利为目标的理性经济人，它一般拥有一批专门的生产经营决策者，这些人是职业经理人，他们高效率的决策本身就降低了农业生产的风险。此外，当市场出现价格波动时，普通农民往往只能被动应付，而龙头企业由于有广泛的社会网络，灵敏的市场信息，能够在市场上主动寻找最有利于自己的方案应对市场波动。同时，由于龙头企业经济实力远远超过单个农户，社会信用程度高，当市场出现波动时往往能找到比普通农户更多的方案去化解风险，增加收益。

（2）降低用于搜寻市场信息的费用。对农户经营来说，为获得农业生产信息，其搜寻费用相对于小规模的农户必定是很高的，一般农户也难以承担。但是，相对于龙头企业而言，由于其生产规模较家庭经营规模大，搜寻费用占其收入的比重不及家庭经营大。

（3）降低源于机会主义的损失。由于单个生产者直接面对生产资料市场和农产品销售市场，在讨价还价和合同的签订时因信息不对称而处于不利地位，交易中完全有可能因对方的投机行为而蒙受损失。

而与龙头企业签订合同之后,是龙头企业而非农户直接面对市场,龙头企业具有在市场上谈判的比较优势,可以有效地防范对方的机会主义行为,这样就可以降低源于机会主义的损失。

(4) 降低企业经营的不确定性。对龙头企业而言,这种联合有利于企业找到稳定的农产品来源,同时其价格、质量都比较稳定,降低了企业经营的不确定性。

(5) 降低企业的组织成本。龙头企业通过与农户签订合同,可以利用农户已有的专用性生产工具、农用土地甚至农业生产方式和劳动力,降低了其生产的专项投资费用。同时,又省略了对农业生产全过程的管理和监督,大大减少了管理费用。由于有购销合同的保证,减少了交易费用,如市场搜寻费用、质量监督费用以及产品质量和数量不确定造成的事后损失等。

(二) 股份合作制或股份制模式

农业产业化经营中龙头企业与农户之间利用股份制形式互相参股,形成股份制企业或股份合作制企业,这是龙头企业与农户的另一种联结方式。农户以土地、水面、资金、劳动力向企业参股,形成新的资产关系。龙头企业运用股份合作吸收农户投资入股,使企业与农户以股份为纽带,结成"互利互惠,配套联动"的经济共同体,这样,龙头企业演化成股份合作制法人实体,而入股农户则成为企业的股东。

1. 股份合作式或股份制形式的基本特征

这是产权联结型模式,农民成为农业产业化经营龙头企业的股东,农户一方面从资金中获得应得的利润,另一方面从劳动中获得劳动报酬。在农业产业化经营组织内部,龙头企业与农户的目标一致,通过合理的激励兼容约束的机制设计,既有效率保证,又有公平可言。

2. 股份合作式或股份制形式的农业产业化组织的效率分析

(1) 降低农业生产经营的不确定性和交易费用。在这方面和契约(合同)模式一样,使农民和企业都降低了生产和经营的不确定性。在经营体内部,以组织命令式代替市场机制,大大降低了交易风险和交易费用。

（2）增强了组织的稳定性。农户既是农产品的生产者，也是龙头企业的股东，生产活动完全内部化到龙头企业内部，龙头企业的经营效益与农户息息相关。由于目标一致，从而从根本上杜绝了农户的机会主义行为和龙头企业在利益不对等的情况下对农民进行的盘剥，通过股份分红使农户获得资产收益的平均利润，组织的稳定性强。

（3）能实现规模经济。农业企业的大规模生产加工，可以使用更先进的机器设备，可以进行专业化生产，综合利用农副产品；生产要素的大批量采购和产品供给的垄断地位也可以提高龙头企业在讨价还价中的谈判力量。生产的社会化、组织化、规模化、产业化程度大大提高，充分享受分工和规模经济所带来的效益。

（4）具有创新的优势。较之农户的分散经营，股份制龙头企业有进行研究与开发的资本实力；具备了快速把研究与开发成果转化为产业竞争优势的能力，创新收益的内部化程度高，创新动力大。

# 第二章 贵州省农户合作经营模式

## 第一节 引言

由于不同地区的农户对于合作经营模式的认识存在差异,加之农业发展速度、经济与社会环境、科技条件以及自然环境存在差异,从而导致各地区农户合作经营模式在形式、种类以及发展的质量等各方面都存在差别。本书试着借助对贵州省农户合作经营模式的发展现状以及现在存在的问题影响因素进行更深入的研究,一方面借鉴其他学者对其他发达地区研究的结论;另一方面对影响贵州省农户合作经营模式的生成、运行以及发展的相关因素进行分析并从贵州农业发展视角下分析农民合作经营的需求和贵州农户合作经营模式的选择,以便有针对性地提出对策和建议,用来指导贵州农户合作经营模式的发展,促进贵州农户合作经营模式成为贵州农业发展的重要保障,使发展的水平和质量更上升一个平台。

经官方、学者以及调查研究发现,农户合作经营模式已经渐渐成为改变分散的农户应对市场并为处于弱势地位的农业商品生产者谋取并维护自身利益、增强其竞争能力的一种重要的经济组织形式,但是,由于经济市场与农村社会的逻辑不协调一致,农户合作经营模式的生存、发展都必须借助外部环境的改善、对内部的加强以及政府的有效支持来解决。但是,如何解决这些问题,还需要通过理论分析进行检验。

在现有的关于农户合作经营模式的理论研究中,杨丽莎

（2014）提出了贵州山地农业发展中农民合作的逻辑必要性和支撑的配套要素。李婵娟（2014）解释了我国农村基本经营制度中的合作制度与不合作制度在实践中应该如何被建构。邵腾伟（2011）运用数据包络分析（DEA）法进行相应的绩效实证检验，为农户联合与合作经营加快农业发展方式转变提供科学依据。李剑（2012）将农民专业合作经济组织分为能人（或村干部）、公司、合作社与涉农部门四类。宋瑛（2014）运用 Multinomial Logistic 模型，验证了户主特征、家庭生产经营特征、农产品特性、地理环境和政策环境这五大因素对于农户选择农业产业化经营组织的影响。孙研（2013）研究了农户经营组织模式选择的影响因素和土地流转下农户经营行为选择对绩效的影响。王阳（2009）运用SWOT分析框架对我国农民专业合作经济组织的外部环境的机会与威胁内部环境的优势与劣势进行了归纳分析。刘红英（2014）提出发展农民专业合作经济组织需要各地各级政府注意积极地营造良好环境，更好地发挥农民专业合作经济组织的积极作用，处理好各方面的复杂关系。赵凯等（2013）通过陕西省周边地区131个农户的样本资料，运用相关模型对农户加入农业产业化经营模式意愿及其影响因素进行了实证研究。

从以上文献分析可以看出，农户生产经营组织结构在家庭联产承包责任制基础上，仍具有分散性、独立性的特点，表现为连通性差和农户离散，农业发展由单一资源约束转变为资源和市场需求的双重约束。

本章就贵州农业的特征及发展中合作经营的需求和选择进行分析，以便有针对性地提出对策建议，用以指导贵州农户合作经营模式的发展，促进贵州农户合作经营模式成为贵州农业发展的重要保障，使发展的水平和质量更上一个台阶。深入了解影响贵州农户农业生产的因素，归纳并总结农户农业生产主要因素与贵州农业发展的相关性。结合国内已经提出的农户合作经营模式和贵州省农户农业生产的实际情况，主要运用定性分析的方法对影响农户农业生产主要因素的贵州省经济社会条件，贵州省地理、气候等自然条件，农户生产的规模、种类以及科技条件等几方面考虑，目的是对现今贵州运行的农户合作模式进一步优化，对目前发展遇到的问题，有针对性地提出解决建议。

## 第二节　贵州省农户合作经营模式发展现状

### 一　贵州农户合作经营的现状

（一）贵州农业发展中农民生产经营情况

2012年，贵州的农业生产总值为891.91亿元人民币，同比增长8.6%，2011年与其相比，种植业的增加值为562.84亿元人民币，同比增长10.1%；农作物播种面积3054300万平方米，同比增长23.1%；主要的经济农作物的种植面积扩大，油料种植面积为547800万平方米，同比增长2.2%；烟叶种植面积237000公顷，同比增长18.5%；蔬菜种植面积817700公顷，同比增长15.4%。全年粮食总产量为1079.5万吨，自给率为88%；主要经济农作物为茶叶。林业增加值为37.36亿元人民币，同比增长7.0%。畜牧业的增加值为244.16亿元人民币，同比增长5.5%。肉类总产量1911000吨，同比增长6.2%，全省全年渔业增加值为15.06亿元人民币，同比增长15.0%。水产品总产量为13.47吨，同比增长23.8%。同时，农田水利基础设施建设仍在加强。全年新增加的有效灌溉面积50700公顷，有效灌溉面积为1317600公顷，同比增长4.0%。

（二）贵州农户合作经营现状

贵州省农民合作社开始于20世纪90年代末，2003年以后开始得以发展。杨丽莎（2014）指出，贵州农民专业合作组织从发起方式上看，主要有四种类型：一是由农村"能人"组织兴办的，这类"能人"主要包括村干部、种养殖大户等农村精英人才；二是依赖政府相关经济技术部门、科学技术人员等引导农民创办或者联合创建办的，主要是依靠农技部门的高知识人才、科技和设施等优势，与农户联合起来，发展当地的特色产业和龙头产品；三是涉农"龙头企业"组织自身指导农户创办的，大体上形成了"共享利益，共担风险"的"公司＋合作社＋农户"的合作经营模式；四是由除以上三类以外的其他身份发起人组织的。

**二 贵州农户合作经营面临的困境**

目前，贵州省农民专业合作社的数量的增加和管理质量正处于提高阶段。农户合作已经演变为稳定和改善农村经营制度，成为解决现代农业发展人力资源的限制、提高农民收入持续增长的不可或缺的力量。然而，由于内部和外部因素的影响贵州山区农户经营合作模式仍面临诸多挑战。主要有山地养殖业的规模化发展受空间的限制；标准化生产受到技术和人才的限制；产业特色的建设受到农民目光短浅的制约；政府所提的政策落实不周；扶持资金薄弱而分散；农民专业经营合作组织管理不到位等缺陷。

**三 贵州农户合作经营发展成就及促进举措**

（一）贵州农户合作经营发展的主要成就

2014年第一季度农业的增加值为49.12亿元，增长9.9%；其中，林业的增加值为8.92亿元，增长7.7%；畜牧业的增加值为104.99亿元，增长3.9%；渔业的增加值为4.21亿元，增长19.6%；农林牧渔服务业的增加值为6.51亿元，增长4.6%。

农林牧渔业增加值中的畜牧业的增加值占60%，对农林牧渔业增长的增加值贡献为2.4%；农林牧渔业增加值中的农业增加值占28%，对农林牧渔业增加值增长的贡献为2.6%；林业、渔业及农牧渔服务业增加值在农林牧渔业增加值所占的比率较小，对农林牧渔业增加值增长的贡献各自为0.4%、0.4%和0.2%。2013年贵州省经济农作物种植面积不断加大。畜牧业仍在继续稳定地增长。

（二）贵州农户合作经营发展的相关促进举措

1. 政府政策

贵州相关政策指出扶持龙头企业就是扶持农民，以市场为导向，以战略性的农业结构调整为主线，以体制创新、科技以及机制创新为动力，以培育农业产业化经营龙头企业，加强农业产业化运营基地建设，加强乡镇企业经营的发展和规模化发展，与小城镇建设相结合，推动以市场为导向的农业，促进农产品的市场竞争力，使农业增效，农民增收，提高农村农民的整体素质和农业的效益。

2. 产业化经营的主要措施

积极培育和扶持龙头企业，加强产业化基地的建设，完善农业产业化经营体制和运行机制，建立农业产业化服务保障体系，扩大科技创新和技术，增加对农业产业化经营的投入，落实对农业产业化经营的支持和指导。

## 第三节　贵州农业的特征及发展中农户合作经营的需求

农户合作经营模式是重要的经营决策策略，本节首先从贵州农业发展的基本条件考虑，概括农业发展的基本特征，揭示贵州在农业发展中对农户合作经营的需求。

### 一　贵州农业基本条件

（一）自然条件

贵州没有平原支撑，是一个典型的喀斯特地貌，气温变化小，冬暖夏凉，气候宜人，降水丰富，雨季明显，阴雨天多，日照少。此外，由于气候的不稳定，灾害性天气种类多，比如干旱、秋风、凝冻、冰雹等频度大，对农业生产有一定影响。

（二）经济社会条件

贵州地处我国西部地区，社会经济建设相对比较落后。经济的建设正处于成长期，因此，比经济发展饱和地区更有发展潜力。

从表2-1可知，现今我国西部地区比其他地区投资增加，而处于西部地区的贵州地区投资增速更快。与全国进行比较，贵州经济增速均高于全国、西部地区平均水平。

表 2-1　　　2014 年贵州省主要经济指标增速与全国及东部、
　　　　　　中部、西部地区比较　　　　　　　　　　　单位:%

| 指标名称 | 贵州 | 全国 | 东部地区 | 中部地区 | 西部地区 |
| --- | --- | --- | --- | --- | --- |
| 规模以上工业增加值 | 11.3 | 8.3 | 7.1 | 8.1 | 10.6 |
| 固定资产投资 | 23.6 | 15.7 | 14.6 | 17.2 | 17.5 |
| 社会消费品零售总额 | 12.9 | 12 | 11 | 12.4 | 12.3 |
| 金融机构人民币各项存款余额 | 15.1 | 9.1 | 7.9 | 9.8 | 10.6 |
| 金融机构人民币各项贷款余额 | 22.4 | 13.6 | 12.1 | 16.2 | 16.9 |

资料来源:《贵州省统计年鉴（2014）》。

从表 2-2 可以看出，贵州从 2011—2014 年生产总值、规模以上工业增加值、固定资产投资、社会消费品零售总额、公共财政预算收入增速逐渐回落，其年平均回落分别为 1.4 个百分点、3.2 个百分点、5.5 个百分点、1.7 个百分点、10.5 个百分点。

表 2-2　　　2011—2014 年贵州省主要经济指标增速情况　　　单位:%

| 指标名称 | 2011 年 | 2012 年 | 2013 年 | 2014 年 | 年平均回落 |
| --- | --- | --- | --- | --- | --- |
| 地区生产总值 | 15 | 13.6 | 12.5 | 10.8 | 1.4 |
| 规模以上工业增加值 | 21 | 16.2 | 13.6 | 11.3 | 3.2 |
| 固定资产投资 | 40 | 35 | 29 | 23.6 | 5.5 |
| 社会消费品零售总额 | 18.1 | 15.8 | 14 | 12.9 | 1.7 |
| 公共财政预算收入 | 44.8 | 31.2 | 18.9 | 13.3 | 10.5 |

资料来源:《贵州省统计年鉴（2014）》。

（三）科技条件

2015 年 3 月 11 日调研座谈中何力强调，要不断加快科技创新转化，促进公益类科研院校（所）与农业产业发展、园区企业建设和市场需求相结合，推动农业产业转型升级，更好地支撑现代高新农业示范园区和现代山地高效特色农业发展。由此可知，贵州对农业科技十分重视。

## 二 贵州农业基本特征

(一) 农业发展的有利条件

1. 山地资源多样性

山地地区占据了得天独厚的地理环境和自然环境，与平原地区相比，山地地区拥有更多的独特的资源。山地的自然属性的特殊性和随着人类对山地的深入了解，显示了特定资源的价值，山地资源的丰富性充分地显现出来。山地资源的丰富性特性，能在发展过程中拥有更广的选择面，通常都能够找到其优势和特色的产业。

2. 农业发展的后发性

贵州是西部地区经济发展相对落后农业省份甚至是我国经济发展落后的省份。贵州山区农业仍然处于传统农业阶段，农业生产手段的落后使得农业生产率低下。这种情况的出现，暗示了山区农业在未来的发展中潜藏了潜力和巨大的发展空间。根据经济增长理论和实践显示，落后地区虽然经济利益模式处于被动状态，但是可利用其后发优势而实现经济赶超。

3. 政策待遇的优惠性

由于贵州是我国经济发展落后的省份，党中央及各级政府为推动贵州的经济发展出台了许多的扶贫政策。贵州近年来出台的扶贫政策主要有《关于加强贵州省财政扶贫资金项目档案规范化管理工作的通知》（黔开办〔2010〕273号）、关于印发《财政专项扶贫资金管理办法》的通知、《贵州省财政专项扶贫资金管理办法》、《贵州省扶贫开发条例》、《中共贵州省委贵州省人民政府关于加快创建全国扶贫开发攻坚示范区的实施意见》等。

(二) 农业发展的不利因素

1. 地理位置处于我国边缘

贵州处于我国西部地区，交通以及通信等设施设备不完善，与省外连接不方便，而且属于西部偏远的边疆地区，与我国中东部发达地区联系不紧密。

2. 基础设施设备的落后性

贵州基础设施的落后性表现很严重，水利设施和交通设施不完善制约了农业的发展，由于贵州山地崎岖不平很难蓄水，因此贵州农业的发展特别依赖于水利设施，同样落后的交通设施使很多农产品在运输过程中成本加大。

3. 义务教育的落后性

贵州落后的教育使农民接受新的知识缓慢甚至拒绝新的科技知识，在农业生产中顽固不化，对农业生产缺乏自觉性和积极性，使农业发展进步缓慢。同时农户具有的知识有限，导致其盲目生产，会影响经济市场的平衡。

4. 耕种技术的传统性

贵州相对平缓的土地资源十分稀缺，由于人们传统的分散农业经营没有使用与贵州土地资源相互适应的开放科技资源，忽略了土地资源的特性使多数可利用的资源没有得到更好开掘。

5. 市场化建设的滞后性

在缓慢的经济发展过程中滞后的市场化改革，导致了农产品市场发育尚未完善，农业商品化率低。虽然有很多优质农产品和特色产品，但由于交通限制，导致农产品很难走向市场。农场的生产销售仍是一家一户，还没有形成农户合作经营模式。农产品商品化率低，使贫困农民无法提高收入，致使农业发展滞后以及乡村经济落后。

**三 基于贵州农业发展视角下农户合作经营分析**

由于特色产业严重依赖于市场，要有相应的规模才能占领市场，这样的要求单个的农户是不能达到的，而如果由单个的农户组建合作组织，在收集市场信息、识别相关的客户、一起谈判和签订合同等的效率和效果，在这些方面是单独一个农户无法与之相比较，这样能更好地发挥经济的规模效应，避免一定的市场风险。发展贵州农业、农业的产业化、农户合作经营是实现贵州农民脱贫的必要选择，而找出与贵州农业生产相适应的农户合作经营模式是重要的保证。

（一）贵州农户合作经营模式的选择

综观贵州农户合作经营模式的制约因素分析可以发现，目前贵州展开的农户合作经营模式依然面临很多困境，要充分发展贵州农业，仍然必须在诸多方面做出整改。贵州农户合作经营模式选择应遵循以下几个方面。

1. 因地制宜原则

农户合作经营模式的具体路径选择应从地区经济、社会发展以及自然环境的自身特点考虑。因地制宜，坚持选择与贵州地理环境相适宜的原则。

2. 互惠互利原则

农户合作经营的意义在于通过融合已有的资源，实现合作双方共赢。

3. 效益最大化原则

在选择农户经营模式时，应本着效益最大化的方向，其效益的衡量应从成本、就业、社会福利、就业及可持续发展等方面考虑，不能片面追求利润。

4. 政策向导原则

通过向发达国家借鉴和学习，经验表明，通过政府有力的政策支持对加强农户合作经营，带动农村脱贫有着重要的作用。

5. 保护环境原则

良好环境是人类赖以生存得以持续的生存空间，在选择农户合作经营模式时应该重视环境的保护。

（二）农户合作经营模式路径选择

贵州农户合作经营模式的选择应该本着因地制宜原则、互惠互利原则、效益最大化原则、政策向导原则、保护环境原则。结合各地区农业生产的实际情况，对经济市场的需求、劳动力供给、自身所处的地理环境以及自身管理条件进行市场调查自身分析和外部环境的剖析，而不是盲目地进行农业生产。选择适合自己的生产规模，完善自身经济组织形式。选择或挖掘属于自身的农户合作经营模式。

1. 以特色优势资源为产业载体

农户合作经营模式的具体路径选择应根据贵州地理特征，加强特色产业建设，找出优势产品，推进以特色优势资源为主导产业。

2. 以扶贫项目为政策载体

扶贫项目是解决贫困地区人口的温饱问题，加速切实开发扶贫战略目标的核心和载体，加速实现扶贫开发战略目标是发展当地经济的关键。因此，在农户合作经营模式的具体路径选择上应以贫困地区的现实状况为出发点，凭借扶贫项目，推进农户合作经营模式的可靠的依托。

3. 以品牌建设为目标

农户合作经营模式的具体路径选择应以品牌建设为目标。品牌的建设能带来一种新的思路，拓展农业地理空间的经济发展，能使农业经济形成空间开放性的特质。

# 第三章 贵州农业组织效率
## ——以烟草为例

## 第一节 引言

目前国内外研究较多的现代农业组织形式为农民专业合作社，农民专业合作社在利用内部契约替代外部契约进而提高农业生产效益的同时，往往必然付出组织成本，这主要源于合作生产中的机会主义和"搭便车"行为。因此，针对合作社所存在的问题，国内外一些学者都做了不同的分析。Hendrikse（1998）建立了一个在组织形式（合作社和投资者所有公司）选择上投资决策的博弈理论模型。他把合作社作为有效的组织形式从而推断出了一些基本的结论。Eilers（1999）等主要利用代理理论提出农业合作社中最优契约设计的论点。作者提供了一个具有启迪性的讨论：在农业合作社中谁是委托人？谁是代理人？他们认为，当合作社管理者向农民提供合同时，管理者是委托人，而农民是代理人；反过来，当农民向合作社提供合同时，农民是委托人，而合作社管理者是代理人。他们认为，代理理论很适合用来分析合作社的激励问题。Karantininis（2001）等建立了一个博弈理论的模型。他们模拟了与投资者所有公司相比，农民加入合作社的决策以及在开放或者封闭的组织下，合作社的最优规模。这种观点把合作社股东间的交易关系看作是契约关系，实际上是委托代理理论、交易成本经济学和不完全契约理论的综合。Chaddad（2003）等从所有权的角度对农民合作组织的组织模式进行了分类研究。即将所有权指派给予合作社企业契约性相结合的经济代理人。马彦丽等（2006）从集体行动的逻辑出发，认为集体行动的悖论是农民专业合作社发展缓慢的根本原因，合作社天生具有弱质性，因此在竞争中处于不利地位，政府支持则是拓宽其生存边界的有力手段。刘丽霞（2008）认为，农户之间的博弈将是影响农民专业合作组织经营效率和经营业绩的主要因素之一。在没有任何限制的条件下，农户之间一次性博弈和几次重复博弈无法使理性的农户摆脱合作失败的困境，因此，重复博弈是合作的必要条件。许英（2012）论述了现行农民专业合作社制度的优越性，认为其契合了维护农民土地权益的制度需求，是土地承包经营权入股选择的较佳制度安排。

家庭农场是社区集体把农地使用权从分散的农户手中集聚起来，然后承包给种田大户。胡书东（1996）认为，家庭农场产权结构简单，不存在激励不足的问题，其应该成为农村经济发展较成熟地区农业生产经营的主要组织形式。李尚红（2006）通过分析美国家庭农场的基本特点，认为构建和谐的社会发展环境必须发展符合中国国情与适合农业生产发展特点的现代民营农场制度。

在对经营规模和效率关系的探讨中，Berry等（1979）对巴西、哥伦比亚、菲律宾、巴基斯坦、印度、马来西亚六个国家的研究表明，农场规模与单位土地面积的产量之间存在负相关关系主要是由于小农场使用家庭劳动力，其劳动交易成本较低。郭江平（2003）探讨不同经营规模与反映农业生产效率的各指标（土地出产率、劳动生产率、资本效率）之间的关系，认为扩大土地经营规模有利于提高农业生产效率。钱贵霞（2005）对我国粮食主产区的3000个农户依据种植面积分组，通过建立柯布—道格拉斯生产函数进行分析，结果是大规模组的规模收益递增，小规模组报酬递减，中规模组不变。刘凤芹（2003）则运用施蒂格勒的生存检验法研究了我国农业土地经营规模问题，认为土地经营并没有确切的最优规模界限和最优生产模式，在不同的约束条件下，当事人会选择交易费用最低的经济组织形式，考虑到农民可兼业情况，小规模农户经营同样符合规模经济要求。张忠明（2008）以吉林省玉米生产为例，通过数据包络分析法（DEA）

对不同规模农户测算其技术效率,并将这种效率分解为纯技术效率和规模效率,得出结论:处于两端的小规模和大规模农户效率较高,而中间规模农户生产效率更为低效。辛良杰等(2009)以吉林省为例,以农户拥有的耕地数量为划分指标将农户划分为6组,在柯布—道格拉斯生产函数中引入规模虚拟变量,并通过对不同土地规模及其二次项和土地产出的回归关系得到结论:农户土地规模与土地生产率之间的关系并不是简单的线性关系,中规模土地生产率高于小规模和较大规模,而劳动生产率则与土地规模呈正向关系。

早在20世纪90年代中期,烟草部门与有关专家学者就已经意识到烟叶种植规模普遍偏小,对烟草农业的发展非常不利,认为烟叶生产有规模经营的必要性。崔传斌等(2008)以铜川市烟叶生产农场化为例,对该市劳动力转移和烟叶生产规模化经营等进行了分析,认为提高烟叶种植规模解决了烟叶生产面临的困境,农业规模化经营是我国现阶段提高农业劳动生产率、解决部分农村地区劳动力供给不足、加快城市化进程的有效途径。史宏志等(2009)论述了美国烟草经济政策和烟草种植方式的沿革,并重点分析了配额买断后的合同种植对美国烟农的影响,从中得到对我国烟草现代化建设的一些启示,认为规模种植才能实现规模效益。宋朝鹏等(2011)运用数据包络分析法构建了现代烟草农业评价指标体系并对重庆武隆各地区进行资源配置效率评价。

通过对相关现代农业组织化及烟草农业的文献查阅和综述,可以看出,已经有越来越多的学者研究不同农业组织形式所存在的问题及其适用的条件,但很少有学者应用机制设计理论通过数学模型来分析农业组织形式的优缺点及其最优机制问题;同时,也有很多学者应用各种方法研究烟叶规模种植效率,但大多从宏观角度对不同区域烟农的种植规模效率情况进行评价,从微观角度对烟农的种植规模效率研究非常之少,尚未发现有学者在较大样本烟农的调查数据上,应用DEA方法分别从烟农和烟草公司不同角度采用投入法和产出法对烟农的种植规模效率进行实证研究。

为了解决当前我国农业面临的困境,需要现代农业组织的创新。

现代农业组织的创新与健康发展既是推进农业产业化、农业现代化、农业生态化的有效途径，也是缩小城乡差距、加快城镇化的一个重要方式。2013年中央一号文件强调，"充分发挥农村基本经营制度的优越性，着力构建集约化、专业化、组织化、社会化相结合的新型农业经营体系"，新型农业经营体系需要现代农业组织的创新。目前，专业大户、家庭农场、农民专业合作社是现代农业组织的主要形式，虽然这些组织形式发展很快，但存在诸多效率低下的问题。这就需要对现代农业组织的主要形式进行效率评价，通过比较找出效率低下的原因，并找出相应的对策，进行资源的优化配置。

目前，贵州省有农民专业合作社8786家，合作社成员39.33万人，带动非成员农户97.16万户。农民专业合作社将成为贵州省农村经济发展的一种重要方式。农民专业合作社的一个本质功能就是能够为各成员提供集体产品，这将使得专业合作社的整体增加利益大于单个个体利益总和。但是为了追逐自己利益的最大化，他们经常会做出种种机会主义行为，其表现形式主要有两种："搭便车"行为和"背义"效应。总的来看，农民专业合作社的发展存在着多方面的问题，这些问题的存在多数与内部激励制度及农业的补贴及税收减免制度有关，而这些问题都可归结为委托—代理的激励机制设计。

专业大户与家庭农场主要为解决现行土地分散经营产生的土地资源浪费现象，实现土地集约化经营，走规模经济道路，而要实现这些，首先要加快农村土地流转制度建设，这就需要现代农业组织土地流转机制的保证。良好的流转机制是在农民个人理性与激励相容的前提下，使自己利益最大化，自愿地将土地进行流转，实现资源的优化配置。因此，土地的流转机制设计问题对实现专业大户与家庭农场具有重要的意义。

总结以上可以看出，设计出良好的现代农业组织土地流转机制与激励机制，并对现代农业几种组织形式进行效率评价与分析，不仅可以使现代农业组织健康持续地发展，而且对贵州农业和农村经济结构的战略性调整、拓宽农民增收渠道、提高农业的竞争力具有重大的现实意义和深远的历史意义。

## 第二节 调查背景与方法

### 一 调查背景

现代烟草农业是与传统烟草农业相对而言的，它是现代农业的一个组成部分，具备现代农业的基本属性，但又有其独特性。所谓现代烟草农业，就是用现代物质条件装备烟草农业，以现代科学技术为强大支柱，以产业化经营为基本途径，把烟草农业价值链的上游、中游和下游紧密结合，实现工农商的一体化，提高资源的利用率和劳动产出率，实现规模化经营、集约化生产、专业化分工和信息化管理，生产、加工、销售一体化经营的烟草农业。

现代烟草农业是以规模化种植为基础、以机械化作业为标志、以专业化生产为特征、以精细化管理为手段、以基础设施为保障，推进烟叶生产组织以单个农户为主向规模化经营转变，生产方式也由以分散生产为主向专业化生产服务合作社转变，管理方式由以传统手段为主转向精细化管理，从而达到降低烟农的生产投入、劳动强度以及经营风险，增加烟农种烟收入的目的。

国家烟草专卖局局长姜成康在 2007 年全国烟叶工作座谈会上指出，"我们要将发展现代烟草农业与建设社会主义新农村结合起来，要把传统烟叶生产向现代烟草转变当作烟叶工作的一条主线"，并将其概括为"扣牢一个基础、努力实现四个化"，即全面推进烟叶生产基础设施建设，努力实现烟叶生产"规模化种植、集约化经营、专业化分工、信息化管理"。推进现代烟草农业就是以资本、物资和技术等先进要素为基础，对传统烟草农业生产方式进行改造，以工业化的生产手段装备烟草农业，以先进的科学技术提升烟草农业，以社会化的服务体系支持烟草农业，以科学化的经营管理理念管理烟草农业，最终使烟叶生产由过去主要依靠传统要素支撑转向依靠现代要素，推动烟草农业增长方式的根本转变，提高土地产出率、资源利用率和劳动生产率。

在烟农生产组织形式多样化及现代烟草农业生产方式下,为保证烟草生产可持续、稳定地发展,就必须保护作为烟草行业第一生产车间的工人的烟农的利益。为此,我们积极响应国家"一基四化"的政策号召,采取相应的减工降本、发挥价格杠杆作用、提高烟叶种植比较效益的措施,以期制定合理的烟叶价格水平及补贴政策;这就要求烟草公司对烤烟种植全过程的成本投入进行详细精确核算,明确各主体在生产过程中的真实成本投入情况,包括烟农的成本投入、烟草公司的成本投入以及合作社的成本投入。

**二 调查方法**

根据成本效益原则,烤烟生产成本调查应采取节时省力、运用灵活的抽样调查,目的在于用较少的费用取得较高的估计精度。抽样设计应注重抽样设计原则与抽样调查程序两个方面。

(一)抽样设计原则

为保证抽取样本的科学性、具有代表性、客观全面地反映总体的特征,在进行抽样设计时,应遵循一定的原则,包括目的性原则、可测性原则、可行性原则、经济性原则。

1. 目的性原则

指在进行抽样方案设计时,要以烤烟成本调查的总体方案及目的为依据,以调查的问题为出发点,从最有利于调查资料的获取,以及最符合调查研究的目的等因素来考虑抽样方案及抽样方法的设计。

2. 可测性原则

抽样设计能够从样本自身计算出有效的估计值或者抽样变动的近似值。在调查研究中通常用标准误差来表示。

3. 可行性原则

设计的抽样方案必须在实践上切实可行。它意味着在设计调查方案里应预料到在实际抽样过程中所可能出现的各种问题,并且针对这些问题已经设计了相应的处理方法。

4. 经济性原则

抽样方案的设计要与调查研究的可得资源相适应。这种资源主要包括研究的经费、时间、人力资源等。

由于上述四条原则存在一定的制约关系,甚至会发生冲突,因而在实际设计中很难设计出一个在上述四个原则同时最优的情况下的抽样方案;调查研究人员需根据实际情况在四个原则中进行取舍和保持其平衡关系。

(二) 抽样调查程序

1. 界定调查总体

界定调查总体是根据调查的目的和要求,明确调查对象的内涵、外延及具体的总体单位数量,并对总体进行必要的分析。烤烟生产成本的调查总体应选择在一个地区或多个地区的涵盖所有烤烟生产组织形式以及所有生产方式的烤烟种植主体。生产组织形式根据其生产环节一般分为:①育苗环节,包括综合服务合作社、育苗专业队、育苗专业户以及农户自育苗;②种植阶段,包括种植合作社、家庭农场、专业大户以及普通烟农;③烘烤阶段,包括综合服务合作社、烟草所建密集型烤房以及农户自家老式烤房。而生产方式则包括有机烟生产及非有机烟生产,不同的生产方式有不同的成本构成。

2. 确定抽样方法

在抽取样本时,可以采取随机抽样与非随机抽样两种方式,由于随机抽样方式更为严谨、科学,所取得的样本数据更具客观性,所以在进行烤烟生产成本调查时宜采取随机抽样;而随机抽样方式又包括单纯随机抽样、系统抽样与分层抽样,根据烤烟种植的特点,应采取分层抽样,可以避免简单随机抽样中对各层次样本抽取比例的不合理性,有效地降低了系统误差与抽样误差,提高了抽样效果。

3. 确定样本容量

样本容量的确定从微观层面来说考虑以下因素:总体的变异程度、允许误差的大小、置信程度的大小等;从宏观层面上来说应考虑以下因素:可支配预算、单凭经验做法、要分析的子样本数等,此外还需考虑调查目的、抽样方法对样本容量的影响;因而在进行烤烟生产成本调查时应根据实际情况来确定样本容量。

### (三) 调查流程

根据以上的抽样方法及样本量来确定调查户，调查户按照要求填写原始资料登记簿。

成本调查资料实行烟叶站（点）、县烟草公司、市烟草公司三级汇总。即在烤烟交售基本结束后，先由烟叶站（点）的相关人员对辖区内的各调查户的原始记录和核算资料进行审核，根据各指标的解释，按照附件中各表的内容分类填写；然后由县烟草公司对辖区内的各站点填写的表格进行汇总；最后由市烟草公司对各县（区）成本资料进行最终的汇总分析，具体流程如图3-1所示。

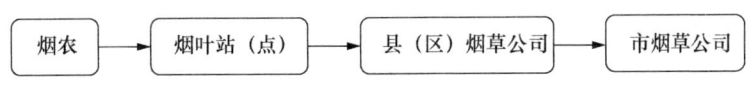

**图 3-1 调查流程**

### (四) 调查表的发放

原始资料登记簿由市烟草公司统一采购，然后发放到各烟叶站（点）；或由各烟叶站（点）根据所辖区域调查户数量采购，上报烟草公司。然后由烟叶站（点）相关工作人员按照需要把原始资料登记簿发放到调查户手中。调查表发放时应注意以下几点：

（1）在发给调查户原始资料登记簿时要派烟叶站（点）上的专业人员对调查户进行培训。培训时可把培训的主要内容打印出来发放给调查户，培训的方式可采取座谈的方式，培训次数为1—2次，培训内容为如何在原始资料登记簿上填写种烟成本。

（2）在培训之后要检查调查户对培训内容的理解程度。对培训内容理解不透彻的调查户进行集中或单个讲解，以期样本可充分利用。

### (五) 检查调查表的填写情况

烟叶站（点）相关负责人要定期或不定期地检查调查户原始资料的填写情况，至少每个种烟环节派专人检查一次资料的填写情况，并对填写不规范或不完整的地方给出说明，以减轻后期数据处理的工作量。

1. 调查表的回收

在烟叶交售工作基本完成的时候，烟叶站（点）相关负责人要对调查户的原始资料登记簿进行回收，可采取到户回收，也可让调查户在最后烟叶交售的时候把登记簿带到烟叶站（点）。登记簿回收之后，站点相关负责人要对登记簿进行简单的统计，统计出样本的有效率。

2. 调查表的整理

成本调查资料实行烟叶站（点）、县烟草公司、市烟草公司三级汇总。即在烤烟交售基本结束后，首先由烟叶站（点）的相关人员对辖区内的各调查户的原始记录和核算资料进行审核，根据各指标的解释，按照附件中各表的内容分类填写，形成电子版数据；其次由县烟草公司对辖区内的各站点填写的表格进行汇总；最后由市烟草公司对各县（区）成本资料运用 EXCEL、SPSS 等软件对数据进行统计与分析。

（六）报告

根据软件分析所得，结合烤烟生产成本调查的背景、目标、内容等情况对此次调查实际情况撰写详细的调查分析报告。

三　研究内容与意义

烟叶生产是整个烟草行业价值链的最初环节，保持烟草生产持续、稳定的发展，建立烟草生产可持续发展的长效机制，有效地防止相关风险，从而保证烟草行业的健康发展，是当前烟草农业的重要任务之一；烟草业是贵州经济的支柱产业，烤烟的种植和生产是贵州省广大农民的主要生产方式。稳定烟农积极性将是一个长期的重要课题。受宏观形势变化等因素影响，烟叶生产面临的不确定性和复杂性增加，稳定规模的压力将长期存在。一是随着经济发展，工业化和城镇化进程加快，农村劳动力大量转移，带动用工价格持续上涨，用工成本不断攀升。二是与上一辈相比，新一代农民更愿意从事简单、轻松的农业生产，用工量大、技术复杂的烟叶生产具有的吸引力相对较小。三是随着煤炭、肥料等烟用物资以及主要粮食作物和经济作物价格大幅上涨，烟叶生产物资成本不断增加，种烟比较效益持续下降。这些都给烟叶生产的可持续发展带来较大影响。因此，要切实把保护烟农利益、稳定烟农种烟积极性摆在当前和今后一个时期烟叶工作的首要位置，把减少工时，减轻劳动强度，降低生产成本，保持合理的价格水平作为稳定烟农积极性的重要措施。因此，针对不同生产组织形式下的烤烟生产全过程的成本核算体系、核算方式、核算指标和编制烤烟生产全过程的成本指数，是一个理论和实践中都亟待解决的问题。它对于制定合理的烟叶价格和补贴政策，建立现代烟草农业生产可持续发展的长效机制有着重要的意义。

## 第三节　烟草种植成本—收益分析

### 一　烟叶种植成本与收益主要指标体系

（一）烟叶种植成本指标体系

2004年，为了适应我国农业和农村经济情况的变化，科学、准确、完整地反映我国主要农产品生产成本和收益情况，国家发展改革委、农业部、国家粮食局、国家烟草专卖局、供销合作总社五部委组织对原有的农产品成本调查核算指标体系进行了较大修订，确立了新农产品成本调查核算指标体系。新指标体系在体系结构、指标名称和含义、指标核算方法、数据汇总方法等许多方面都作了比较大的调整和修订。按照新农产品成本调查核算指标体系，种植业产品的总成本由生产成本和土地成本构成（见图3-2）。

生产成本与土地成本是构成农产品总成本的两个主要成本。它是指生产过程中耗费的现金、实物、劳动力和土地等所有资源的成本，其计算公式为：每亩总成本＝每亩生产成本＋每亩土地成本＝每亩物资与服务费用＋每亩人工成本＋每亩土地成本。生产成本指直接生产过程中为生产该产品而投入的各项资金（包括实物和现金）和劳动力的成本，反映了为生产该产品而发生的除土地外各种资源的耗费。其计算公式为：每亩生产成本＝每亩物资与服务费用＋每亩人工成本。

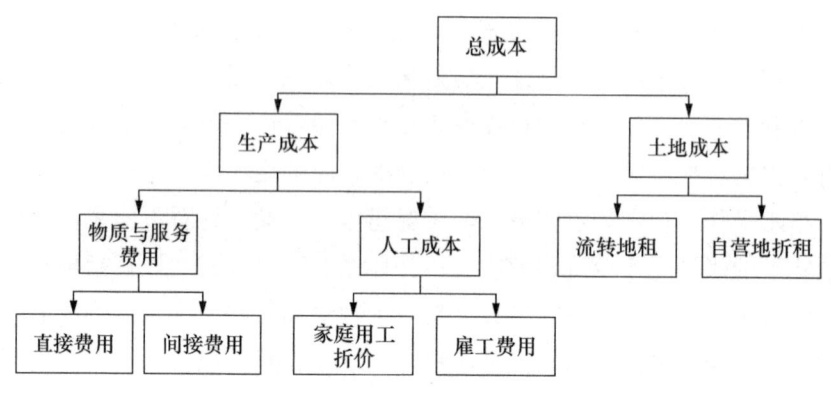

图3-2 种植农产品成本构成

它由物资与服务费用和人工成本两部分组成。物资与服务费用是指在直接生产过程中消耗的各种农业生产资料的费用、购买各项服务的支出以及与生产相关的其他实物或现金支出，包括直接费用和间接费用两部分。直接费用包含种子费、化肥费、农家肥费、农药费、农膜费、租赁作业费（机械作业费、排灌费、畜力费等）、燃料动力费、技术服务费、工具材料费、修理维护费及其他直接费用等。间接费用包含固定资产折旧、税金、保险费、管理费、财务费、销售费等。人工成本是指生产过程中直接使用的劳动力的成本，包括家庭用工折价和雇工费用两部分。

土地成本，也可称为地租，指土地作为一种生产要素投入到生产中的成本，包括流转地租金和自营地折租。流转地租金指生产者转包他人拥有经营权的耕地或承包集体经济组织的机动地（包括沟渠、机井等土地附着物）的使用权而实际支付的转包费、承包费（或称出让费、租金等）等土地租赁费用。流转地租金按照生产者实际支付的转包费或承包费净额计算。转包费或承包费净额是指从转包费或承包费中扣除统一收取的机械和排灌作业、技术服务、病虫害防治等与生产相关的直接生产费用（收取的生产费用应计入相应指标项目）后的余额。自营地折租指生产者自己拥有经营权的土地投入生产后所耗费的土地资源按一定方法和标准折算的成本，反映了自营地投入生产时的机会成本。

### （二）烟叶种植收益指标体系

根据《全国农产品成本收益资料汇编2012》，农产品主要收益指标包括主产品产量、主产品产值、净利润、现金收益、现金成本、成本利润率等指标。主产品产量指实际收获的农作物主要产品的数量，烟叶按调制后干烟计算。主产品产值指生产者通过各种渠道出售主产品所得收入和留存的主产品可能得到的收入之和。其中，售出部分按实际出售收入计算。以实物折抵租金的或以物易物的视作出售，以所折抵金额或所交换物品的市场价格计算出售收入。留存产品（包括自食自用的、待售的、馈送他人的）按已出售产品的综合平均价格和留存数量计算价值，但如果调查期内尚未开始出售或尚未大量出售的，应按照当地该产品大量上市后的预计出售价格计算。净利润指产品产值减去生产过程中投入的现金、实物、劳动力和土地等全部生产要素成本后的余额，反映了生产中消耗的全部资源的净回报。其计算公式为：净利润＝产值合计－总成本。现金收益指产品产值减去为生产该产品而发生的全部现金和实物支出后的余额，反映了生产者实际得到的收入（包括现金收入和实物折算为现金的收入）。其计算公式为：现金收益＝产值合计－现金成本。现金成本指生产过程中为生产该产品而发生的全部现金和实物支出，包括直接现金支出和所消耗的实物折算为现金的支出（如自产种子可以按照市场价格折算为一定数额的现金）以及过去的现金支出应分摊到当期的部分（如折旧）。其计算公式为：每亩现金成本＝每亩物资与服务费用＋每亩雇工费用＋每亩流转地租金。成本利润率反映生产中所消耗全部资源的净回报率。其计算公式为：成本利润率＝净利润÷总成本×100%。

### 二 地区烟叶种植总体成本与收益分析

#### （一）调查主体基本结构

本项目调查主体共106户，涉及7个生产组织形式[①]和6个地区。

---

[①] 生产组织形式指烟叶生产所采用的农业组织形式，包括综合服务社、育苗专业户、农户自育苗、生产型合作社、家庭农场、专业大户、普通烟农。

涉及两种生产方式①：有机烟与无机烟，其中有机烟共2户，占1.90%，无机烟104户，占89.10%。

（二）调查主要指标体系

根据本项目的研究内容，参考全国农产品指标体系，本项目制定相应的成本指数指标体系。指标体系分为成本指标体系、收益指标体系与其他指标体系。

成本指标体系包括生产主体成本、烟草公司成本及政府成本。生产主体成本主要由物资服务费、人工成本及土地成本构成，其中物资服务费由直接费用与间接费用构成，人工成本由家庭用工成本与雇工成本构成，土地成本由自营地折租与流转地租金构成。烟草公司成本与政府成本主要包括物资、补贴及建筑物与农机具折旧。收益指标体系主要包括育苗的产量与产值、烟叶的产量与产值及相应的烟叶等级。其他指标体系主要是指专业化方式。包括整地起垄、烟叶烘烤及烟叶分级。详细的指标体系见附录1中的调查表。

（三）总体成本—收益分析

根据调查表，通过计算相关的指标，得到本次调查总体平均成本与收益，具体如表3-1所示。

表3-1　　　　　　　育苗与种植每亩成本—收益

| 项　目 | 单位 | 育苗阶段 | 种植阶段 | | |
|---|---|---|---|---|---|
| | | | 三阶段总和 | 移栽 | 管理 | 烘烤 |
| 主产品产量 | 盘、公斤 | 1691 | 103 | | | |
| 产值合计 | 元 | 8394.7 | 2013 | | | |
| 总成本 | 元 | 7226.28 | 2405.53 | 944.20 | 315.59 | 1145.74 |
| 生产成本 | 元 | 6682.20 | 2094.24 | 632.91 | 315.59 | 1145.74 |
| 物资与服务费用 | 元 | 933.97 | 707.63 | 288.73 | 13.11 | 405.79 |

---

① 生产方式是指烟叶生产种类，包括有机烟叶与无机烟叶。有机烟叶是指遵照一定的有机农业生产标准，在生产过程中不使用化学合成的农药、化肥、生产调节剂等物资，以及基因工程生物及其产物，而是遵循自然规律和生态学原理，采用一系列可持续发展的农业技术以维持持续稳定的农业生产体系的一种农业生产方式。

续表

| 项目 | 单位 | 育苗阶段 | 种植阶段 ||||
|---|---|---|---|---|---|---|
| | | | 三阶段总和 | 移栽 | 管理 | 烘烤 |
| 人工成本 | 元 | 5748.23 | 1386.61 | 344.18 | 302.48 | 739.96 |
| 家庭用工折价 | 元 | 641.75 | 333.51 | 49.68 | 102.32 | 181.50 |
| 雇工费用 | 元 | 5106.48 | 1053.10 | 294.49 | 200.16 | 558.45 |
| 土地成本 | 元 | 544.08 | 311.29 | 311.29 | | |
| 流转地租金 | 元 | 19.08 | 32.02 | 32.02 | | |
| 自营地折租 | 元 | 525.00 | 279.27 | 279.27 | | |
| 烟草公司成本 | 元 | 19349.07 | 475.81 | 203.18 | 9.35 | 263.28 |
| 政府成本 | 元 | 2105.41 | 6.44 | 6.20 | 0 | 0.24 |
| 净利润 | 元 | 1168.42 | -489.53 | | | |
| 烟农成本利润率 | % | 16% | -20% | | | |
| 成本利润率 | % | -70.73% | -33.65% | | | |
| 用工数量 | 个 | 9.18 | 20.10 | 4.90 | 4.50 | 10.70 |
| 主产品已出售数量 | 公斤 | 1478.27 | 103.00 | | | |
| 主产品已出售产值 | 元 | 7337.46 | 2013.00 | | | |

注：如未特别说明，产值包括产品出售金额与相应补贴之和；总成本为烟农投入成本，不包括烟草公司与政府成本；净利润为产值减去总成本。后同。

由表3-1可以看出，平均育苗产量为1691盘/亩，产值为8394.7元/亩，商品率为87.41%，烟农平均成本利润率[①]为16%，总成本利润率[②]为-70.73%。种植烟叶平均产量为98公斤/亩，产值为2013元/亩，商品率为100%，烟农平均成本利润率为-20%，总成本利润率为-33.65%。这表明，育苗烟农从烟草公司与政府所获

---

① 烟农成本利润率=（产值+补贴-烟农投入成本）/平均烟农投入成本=净利润/烟农成本

② 成本利润率=（产值+补贴-烟农投入成本-烟草公司成本-政府成本）/（烟农投入成本+烟草公司成本+政府成本）

得的补贴远大于种植烟农，这样才导致育苗烟农平均成本利润率远大于种植烟农平均成本利润率，而育苗总成本利润率却远小于种植成本利润率。因此，烟草公司与政府可以适量减小育苗补贴而增加种植补贴，使烟草育苗与种植能平衡发展。

从烟叶分级来看，平均每亩上等烟为34.9公斤，占34.5%；中等烟为59.9公斤，占59%；下等烟为6.6公斤，占6.5%；从烟叶部位来看，上部烟为32.5公斤，占33.18%；中部烟为49.2公斤，占50.24%；下部烟为16.2公斤，占16.56%。

为了将贵州A地区烟叶种植总体成本与全国成本进行比较分析，根据《全国农产品成本收益资料汇编2012》的烤烟成本收益情况，得到2006—2011年烟叶成本构成的平均数据，如表3-2所示。各项成本所占总成本的百分比如图3-3所示。

表3-2　　　　　2006—2011年烟叶种植成本构成　　　　单位：元/亩

| 项　目 | 2006年 | 2007年 | 2008年 | 2009年 | 2010年 | 2011年 |
| --- | --- | --- | --- | --- | --- | --- |
| 总成本 | 1320.96 | 1454.39 | 1720.81 | 1922.23 | 2099.42 | 2491.35 |
| 生产成本 | 1224.69 | 1337.07 | 1578.56 | 1761.06 | 1907.79 | 2278.08 |
| 物资与服务费用 | 567.62 | 606.84 | 759.70 | 841.97 | 821.58 | 925.34 |
| 人工成本 | 657.07 | 730.23 | 818.86 | 919.09 | 1086.21 | 1352.74 |
| 家庭用工折价 | 612.29 | 650.39 | 722.52 | 807.98 | 954.12 | 1175.12 |
| 雇工费用 | 44.78 | 79.84 | 96.34 | 111.11 | 132.09 | 177.62 |
| 土地成本 | 96.27 | 117.32 | 142.25 | 161.17 | 191.63 | 213.27 |
| 流转地租金 | 11.85 | 13.48 | 16.85 | 18.24 | 20.70 | 23.29 |
| 自营地折租 | 84.42 | 103.84 | 125.40 | 142.93 | 170.93 | 189.98 |

由图3-3可以看出，烟叶总成本每年呈上升趋势。在总成本中，各成本所占总成本比例每年基本一致。生产成本所占比重较大，但所占比重略呈下降趋势。人工成本每年呈上升趋势。土地成本所占比重较小，但逐年略呈上升趋势。

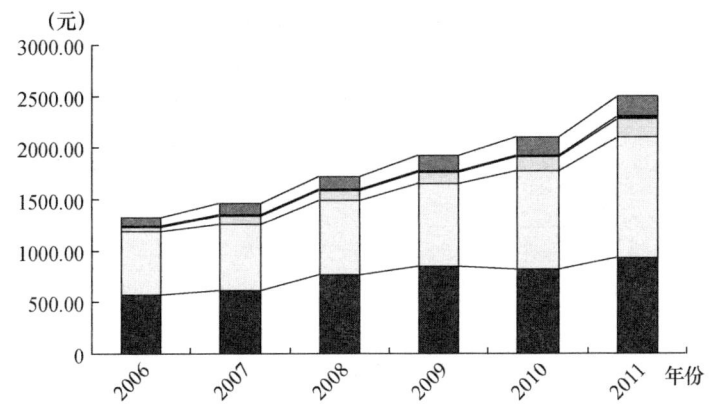

图 3-3 全国烟叶种植总成本构成趋势

表 3-3　　　　2006—2011 年烟叶种植成本构成百分比　　　　单位:%

| 项　目 | 2006 年 | 2007 年 | 2008 年 | 2009 年 | 2010 年 | 2011 年 |
|---|---|---|---|---|---|---|
| 生产成本 | 93 | 92 | 92 | 92 | 91 | 91 |
| 物资与服务费用 | 43 | 42 | 44 | 44 | 39 | 37 |
| 人工成本 | 50 | 50 | 48 | 48 | 52 | 54 |
| 家庭用工折价 | 46 | 45 | 42 | 42 | 45 | 47 |
| 雇工费用 | 3 | 5 | 6 | 6 | 6 | 7 |
| 土地成本 | 7 | 8 | 8 | 8 | 9 | 9 |
| 流转地租金 | 1 | 1 | 1 | 1 | 1 | 1 |
| 自营地折租 | 6 | 7 | 7 | 7 | 8 | 8 |

如表 3-4 所示，与 2011 年全国烟叶生产平均成本相比，2012 年 A 地区总成本为 2405.53 元，较全国总成本低 85.82 元，主要原因是生产成本中的物资与服务费用与家庭用工成本较低。与全国相比，雇工费用与自营地折租相对较高，表明 A 地区烟叶种植劳动力缺乏及种烟土地供给紧缺。

表 3-4　　　　2012 年 A 地区烟叶种植成本构成比例　　　　单位：%

| 项　目 | 2011 年全国烟叶成本（单位：元/亩） | 构成比例 | A 地区成本（单位：元/亩） | 构成比例 | 差额 |
|---|---|---|---|---|---|
| 总成本 | 2491.35 | | 2405.53 | | -85.82 |
| 生产成本 | 2278.08 | 91 | 2094.24 | 87.06 | -183.84 |
| 物资与服务费用 | 925.34 | 37 | 707.63 | 29.42 | -217.71 |
| 人工成本 | 1352.74 | 54 | 1386.61 | 57.64 | 33.87 |
| 家庭用工折价 | 1175.12 | 47 | 333.51 | 13.86 | -841.61 |
| 雇工费用 | 177.62 | 7 | 1053.1 | 43.78 | 875.48 |
| 土地成本 | 213.27 | 9 | 311.29 | 12.94 | 98.02 |
| 流转地租金 | 23.29 | 1 | 32.02 | 1.33 | 8.73 |
| 自营地折租 | 189.98 | 8 | 279.27 | 11.61 | 89.29 |

由表 3-5 可以看出，A 地区亩产量相对全国平均水平较低，现金成本较高，成本利润率为 -20%，与 2011 年全国平均相比，每亩产量少 46.04 公斤，产值少 634.72 元，净利润少 548.90 元，每亩用工数量少 12.28 个。

表 3-5　　　　2006—2011 年烟叶种植每亩平均收益

| 项　目 | 单位 | 2006 年 | 2007 年 | 2008 年 | 2009 年 | 2010 年 | 2011 年 | 安顺 | 差额 |
|---|---|---|---|---|---|---|---|---|---|
| 主产品产量 | 公斤 | 137.4 | 134.7 | 147.9 | 151.7 | 143.8 | 144.0 | 98.00 | -46.04 |
| 产值合计 | 元 | 1381.3 | 1490.9 | 2040.0 | 2191.4 | 2112.7 | 2550.7 | 1916 | -634.72 |
| 净利润 | 元 | 60.3 | 36.5 | 319.2 | 269.2 | 13.3 | 59.4 | -489.53 | -548.90 |
| 成本利润率 | % | 4.6 | 2.5 | 18.6 | 14.0 | 0.6 | 2.4 | -20 | -22.38% |
| 每亩用工数量 | 日 | 38.0 | 37.3 | 35.8 | 35.1 | 33.2 | 32.4 | 20.10 | -12.28 |

综合表 3-4 与表 3-5，可以看出 A 地区生产成本较全国投入低，但其产量也较低。因此，A 地区的种烟土地未得到充分利用，在种烟效率方面还需要进一步提高。

由以上分析可以看出，利润低的原因在于雇工成本与自营地折租太高。由于雇工成本高与家庭劳动力偏少，使劳动力成本大，为节省成本，烟农劳动力尽量减少，从而使每亩所投入的用工数量减少，而这导致产量的减少。自营地折租的偏高，使流转地成本偏高，从而使现金成本与全国平均成本相比明显增加。

由此看来，要减少烟叶生产成本与增加效率，一是要加快机械化，用机械来弥补劳动力的不足；二是要提高烟叶种植补贴，来激励烟农投入更多的劳动力来生产烟叶。

（四）户均成本—收益分析

我国农村从改革开放以来实行家庭联产承包责任制，农户以家庭为单位向集体组织承包土地等生产资料和生产任务。通过实施家庭联产承包责任制这种中国农民的伟大创造的农业生产责任制度，既保证土地归国家、集体所有，又调动了农民生产积极性，极大地推动了农村生产力的发展。在保证农户承包土地过程公平的同时，也出现了农户承包地过于分散、经营规模较小的问题。贵州人均耕地面积仅0.66亩，而且贵州地势多丘陵，许多耕地都是依山建成的梯田，在烟区尤其普遍，所以农地细碎问题更为突出。

烟农单靠自营农地种植烤烟，根本无法满足种植规模的需求，绝大多数烟农都要通过土地流转，租赁其他农户耕地种植烤烟。A地区调查总面积为6084.4亩，其中自营地532.9亩，占8.76%；流转地5551.5亩，占91.24%；育苗占地202.4亩，占3.32%；烟叶种植占地5882亩，占96.68%。

在育苗阶段，户均自营地数量为0.1亩，户均流转地数量为9.24亩；在种植阶段自营地数量为5.9亩，户均流转地数量为54.3亩。具体户均种植面积分布如表3-6所示。

表3-6　　　　　　　　　户均种植面积分布

| 规模（S）范围亩 | 户数（户） | 户数分布（%） | 平均面积（亩） | 面积分布（%） |
| --- | --- | --- | --- | --- |
| 0＜S≤10 | 7 | 7.22 | 9.43 | 1.15 |
| 10＜S≤20 | 26 | 26.80 | 17.45 | 7.89 |
| 20＜S≤30 | 15 | 15.46 | 27.83 | 7.25 |

续表

| 规模（S）范围亩 | 户数（户） | 户数分布（%） | 平均面积（亩） | 面积分布（%） |
|---|---|---|---|---|
| 30＜S≤40 | 8 | 8.25 | 35.96 | 5.00 |
| 40＜S≤50 | 12 | 12.37 | 48.03 | 10.02 |
| 50＜S≤60 | 5 | 5.15 | 54.00 | 4.69 |
| 60＜S≤70 | 1 | 1.03 | 70.00 | 1.22 |
| 70＜S≤80 | 4 | 4.12 | 80.00 | 5.56 |
| 80＜S≤90 | 2 | 2.06 | 89.00 | 3.09 |
| 90＜S≤100 | 6 | 6.19 | 99.50 | 10.37 |
| ＞100 | 11 | 11.34 | 228.98 | 43.77 |

由表3-6可以看出，种植面积大于90亩的有17户，即17.53%的用户占到总土地面积的54.14%。烟农的户均种植面积处于10—50亩，具体烟叶种植面积洛伦兹曲线如图3-4所示。这说明安顺地区有良好的土地流转机制，使土地集中度较高。

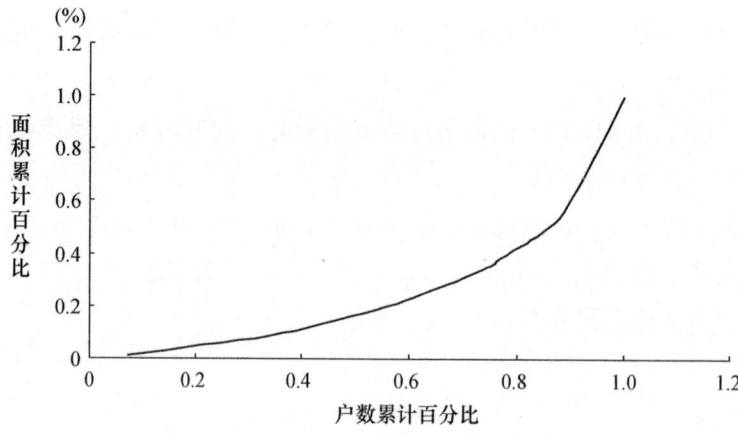

图3-4 种植面积洛伦兹曲线

对于育苗的农户，平均每户育苗15732盘，产值为79656元，净利润为14938元，成本利润率为23%。对于种植农户，平均每户生产烟叶5748公斤，产值111455元，净利润为-51003元，成本利润率为-31%，具体如表3-7所示。由此可见，种植烟农户均利润为负，远少于育苗烟农户均利润，这与亩均收益是一致的。

表3-7　　　　样本烟农户与种植烤烟户均成本收益情况

| 项　目 | 育　苗 | 种　植 |
| --- | --- | --- |
| 主产品产量 | 15732 | 5748 |
| 产值合计 | 79656 | 111455 |
| 总成本 | 64719 | 162458 |
| 生产成本 | 59635 | 144505 |
| 物资与服务费用 | 8673 | 39000 |
| 人工成本 | 50961 | 105505 |
| 家庭用工折价 | 5588 | 41277 |
| 雇工费用 | 45373 | 64227 |
| 土地成本 | 5084 | 17953 |
| 流转地租金 | 27 | 15816 |
| 自营地折租 | 5057 | 2137 |
| 净利润 | 14938 | -51003 |
| 现金成本 | 58606 | 119043 |
| 现金收益 | 21050 | -7588 |
| 成本利润率 | 23% | -31% |
| 用工数量 | 821 | 1140 |

## 三　育苗阶段成本—收益分析

（一）不同组织形式成本—收益比较分析

根据调查数据，将育苗生产组织形式分为7种类型，各项成本如表3-8所示。

表 3-8　　　　　　　不同组织形式育苗成本　　　　　单位：元/亩

| 主体 | 生产组织形式 | 1 | 2 | 2,5 | 2,6 | 3,5 | 3,6 | 3,7 |
|---|---|---|---|---|---|---|---|---|
| 育苗主体 | 直接费用 | 570.5 | 1024.7 | 2434.9 | 980.8 | 1781.4 | 1693.3 | 1558.1 |
| | 间接费用 | 62.7 | 1.0 | 32.0 | 16.0 | 50.0 | 12.7 | 6.2 |
| | 物资服务费合计 | 747.0 | 1025.7 | 2466.8 | 996.7 | 1831.5 | 1706.0 | 1564.3 |
| | 家庭用工数量（个/亩） | 0.9 | 11.1 | 168.7 | 37.7 | 0.14 | 157.0 | 63.7 |
| | 家庭用工单价（元/个） | 60.0 | 71.3 | 62.2 | 69.7 | 50.0 | 80.0 | 80.0 |
| | 家庭用工成本 | 51.1 | 787.7 | 2974.5 | 2569.3 | 7.1 | 12558.1 | 5095.4 |
| | 雇工数量 | 81.8 | 80.0 | 54.8 | 63.7 | 213.9 | 38.1 | 0.0 |
| | 雇工单价 | 60.2 | 61.9 | 70.0 | 95.7 | 50.0 | 77.0 | 70.0 |
| | 总用工数量 | 82.7 | 91.1 | 223.5 | 133.4 | 214.04 | 195.1 | 63.7 |
| | 雇工成本 | 4922.4 | 4953.5 | 3836.4 | 5429.6 | 10692.9 | 2937.2 | 0.0 |
| | 人工成本合计 | 4973.5 | 5741.3 | 7772.5 | 7998.9 | 10700.0 | 15495.4 | 5095.4 |
| | 土地成本合计 | 574.4 | 510.8 | 440.2 | 497.9 | 500.0 | 316.3 | 273.1 |
| | 总成本合计 | 6294.9 | 7277.7 | 10679.5 | 9493.5 | 13031.5 | 17517.6 | 6932.8 |
| 烟草公司 | 物资 | 12597.5 | 7686.9 | 6552.8 | 5277.4 | 8426.9 | 3847.4 | 1002.8 |
| | 补贴 | 3445.5 | 4016.5 | 4045.3 | 2706.6 | 3332.6 | 1674.4 | 588.5 |
| | 建筑折旧 | 5834.2 | 6135.9 | 0.0 | 0.0 | 539.8 | 0.0 | 0.0 |
| | 农机具折旧 | 141.8 | 400.0 | 721.0 | 928.0 | 747.0 | 36.2 | 0.0 |
| | 总成本合计 | 5976.0 | 6535.9 | 721.0 | 928.0 | 1286.8 | 36.2 | 0.0 |
| 政府 | 农机具折旧 | 988.1 | 2340.8 | 6489.2 | 7688.6 | 6722.7 | 325.7 | 0.0 |
| | 总成本 | 13259 | 16154.4 | 17889.7 | 18110.1 | 21041 | 17879.5 | 6932.8 |

注：组织形式：1 表示综合服务社，2 表示育苗专业户，3 表示农户自育苗，4 表示生产型合作社，5 表示家庭农场，6 表示专业大户，7 表示普通烟农。

根据表3-8得到图3-5各生产组织形式每亩育苗总成本，可以看出，组织形式家庭农场式农户自育苗（3,5）的生产总成本最高，普通烟农自育苗（3,7）的生产总成本最低。在这7种生产组织形式中，综合服务社（1）的烟农总成本最低，专业大户农户自育苗（3,

6）的烟农总成本最高。烟草公司对育苗专业户（2）投入最多，而对普通烟农自育苗（3，7）投入最低。

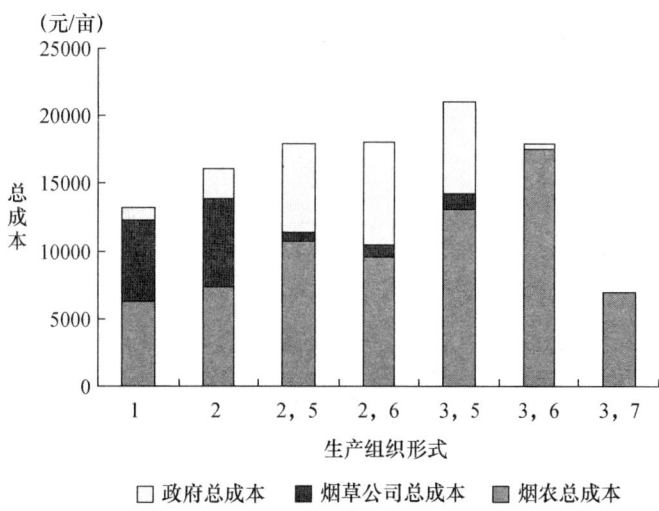

图3-5 各生产组织形式总成本

由于烟草公司补贴是按烟农育苗的盘数补贴，且烟农每亩地所育苗的盘数不一样，因此按照不同组织形式每盘育苗成本计算，如表3-9所示，并得到图3-6和图3-7。

表3-9 育苗阶段各生产组织形式多个独立样本检验分析

| | 烟农平均成本 | 烟草公司平均成本 | 政府平均成本 | 总平均成本 | 烟农成本所占比例 | 成本利润率（含补贴） | 成本利润率（不含补贴） |
|---|---|---|---|---|---|---|---|
| Chi-Square | 17.237 | 1.501 | 3.415 | 13.559 | 7.437 | 15.752 | 15.943 |
| df | 4 | 4 | 4 | 4 | 4 | 4 | 4 |
| Asymp. Sig. | 0.002* | 0.826 | 0.491 | 0.009* | 0.115 | 0.003* | 0.003* |

注：*表示 $p < 0.05$ 具有显著差异。

为了更加准确科学地分析对于不同组织形式各主体所投入的每盘

烟苗平均成本是否有显著差异,通过计算不同生产组织形式每个主体的平均每盘生产成本,采用非参数检验来分析不同的生产组织形式之间的平均成本是否存在显著差异。非参数检验是在总体分布情况不明时,用来检验数据资料是否来自同一个总体假设的一类检验方法。由于涉及7种组织形式,因此采用多个独立样本检验,运用 Kruskal Wallis Test,检验结果如表3-9所示。

由表3-9可以看出,对于不同的生产组织形式,烟农的平均成本、总平均成本、成本利润率均具有显著性差异,而烟草公司平均成本与政府平均成本均无显著性差异。因此,总平均成本、成本利润率的显著差异是由烟农平均成本所造成。故不同的生产组织形式烟农的生产成本是存在差异的。

表3-10　　　　　　　　不同组织形式育苗成本　　　　　　单位:元/盘

| 生产组织形式 | 1 | 2 | 2,5 | 2,6 | 3,5 | 3,6 | 3,7 |
|---|---|---|---|---|---|---|---|
| 烟农物资服务费 | 0.4 | 0.5 | 2.1 | 1.1 | 1.8 | 2.6 | 9.4 |
| 烟农人工成本 | 2.8 | 2.8 | 6.6 | 8.4 | 10.4 | 24.0 | 30.7 |
| 烟农土地成本 | 0.3 | 0.3 | 0.4 | 0.5 | 0.5 | 0.5 | 1.6 |
| 烟农总成本 | 3.58 | 3.60 | 9.1 | 10.0 | 12.7 | 27.1 | 41.7 |
| 烟草公司成本 | 3.4 | 3.2 | 0.6 | 1.0 | 1.3 | 0.1 | 0.0 |
| 政府成本 | 0.6 | 1.2 | 5.5 | 8.1 | 6.5 | 0.5 | 0.0 |
| 总成本 | 7.5 | 8.0 | 15.3 | 19.1 | 20.5 | 27.7 | 41.7 |

由图3-6可以看出,育苗烟农总成本与总成本最低均为综合服务社,最高均为普通烟农自育苗。而在表3-8中,按亩均成本,普通烟农自育苗的烟农总成本与总成本均最低。由此可见,综合服务社每盘烟苗的低成本并不是因烟草公司与政府的补贴所造成,而是效率高的表现。普通烟农自育苗每盘的高成本,是由于土地资源未得到充分利用,虽然亩均成本低,但由于每亩种植的烟苗较少,从而使每盘成本相对较高,这也可由表3-11看出。

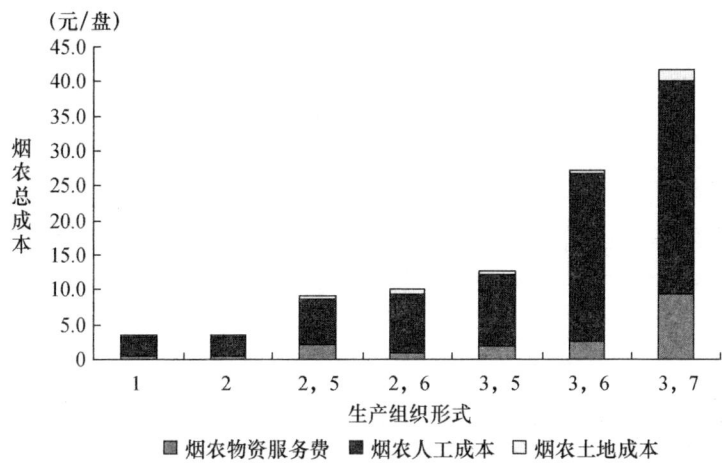

图 3-6  各生产组织形式烟农投入成本

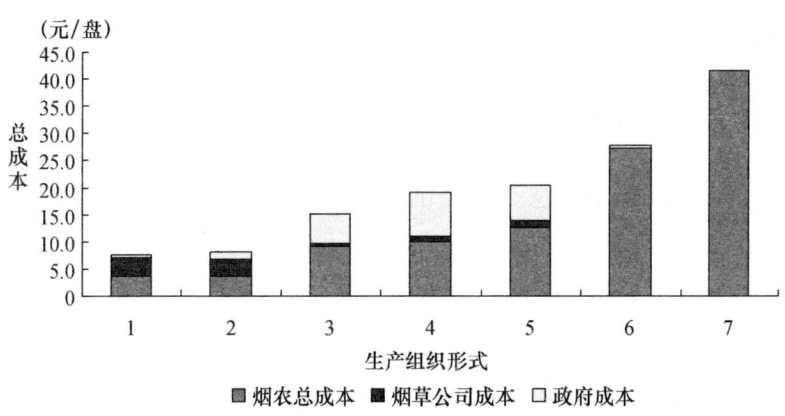

图 3-7  各生产组织形式各主体投入成本

由表 3-11 可以看出，普通烟农自育苗亩均种植数量最低，而育苗专业户亩均种植数量最高。烟农利润若不包括补贴，则均为负，若包括补贴，只有综合服务社和育苗专业户的利润为正，相应的成本利润率分别为 45.67% 和 20.11%。其他生产组织形式利润均为负，其中专业大户和普通烟农自育苗亏损最大。

表3-11　　　　　　　　不同组织形式育苗收益

| 生产组织形式 | 1 | 2 | 2, 5 | 2, 6 | 3, 5 | 3, 6 | 3, 7 |
|---|---|---|---|---|---|---|---|
| 育苗数量（盘/亩） | 1756.2 | 2023.2 | 1170.7 | 948.6 | 1028.6 | 645.6 | 166.2 |
| 售出盘数（盘/亩） | 1616.1 | 1506.4 | 981.9 | 592.9 | 753.1 | 267.9 | 166.2 |
| 售苗单价（元/盘） | 3.1 | 3.1 | 3.0 | 3.0 | 3.0 | 3.0 | 4.6 |
| 售苗金额 | 5067.0 | 4724.9 | 2945.8 | 1778.6 | 2259.4 | 803.7 | 588.5 |
| 售苗补贴（元/盘） | 2.2 | 0.3 | 3.0 | 3.0 | 3.0 | 3.0 | 4.6 |
| 售苗补贴总额 | 3572.6 | 2493.6 | 2945.8 | 1778.6 | 2259.4 | 803.7 | 588.5 |
| 剩余苗盘数（盘/亩） | 140.7 | 504.7 | 188.8 | 56.3 | 268.3 | 0.0 | 0.0 |
| 剩余苗补贴（元/盘） | 3.8 | 3.0 | 4.0 | 4.0 | 4.0 | 4.0 | 6.2 |
| 剩余苗补贴总额 | 529.8 | 1522.9 | 755.2 | 225.1 | 1073.1 | 0.0 | 0.0 |
| 烟农利润(不包括补贴) | -1228 | -2553 | -7734 | -7715 | -10772 | -16714 | -6344 |
| 烟农利润（包括补贴） | 2875 | 1464 | -4033 | -5711 | -7439 | -15910 | -5756 |
| 烟农成本利润率 | 45.67% | 20.11% | -37.76% | -60.16% | -57.09% | -90.82% | -83.02% |

（二）不同地区成本—收益比较分析

根据调查区域范围，育苗调查数据共来自6个地区，各地区各项成本构成如表3-12和图3-8所示。

表3-12　　　　　　　不同地区成本与收益　　　　　　单位：元/盘

| | 地区 | 1 | 2 | 3 | 4 | 5 | 6 |
|---|---|---|---|---|---|---|---|
| 育苗主体 | 直接费用 | 0.47 | 0.41 | 1.06 | 0.29 | 1.73 | 2.14 |
| | 间接费用 | 0.04 | 0.02 | 0.01 | 0.00 | 0.05 | 0.03 |
| | 物资服务费合计 | 0.62 | 0.43 | 1.07 | 0.30 | 1.78 | 2.17 |
| | 人工成本合计 | 3.98 | 2.63 | 6.04 | 2.61 | 10.40 | 5.31 |
| | 土地成本合计 | 0.29 | 0.24 | 0.49 | 0.59 | 0.49 | 0.36 |
| | 烟农总成本 | 4.89 | 3.30 | 7.59 | 3.50 | 12.67 | 7.84 |
| 烟草公司 | 成本合计 | 3.33 | 3.28 | 0.00 | 3.11 | 1.25 | 0.73 |
| 政府 | 成本合计 | 1.00 | 0.84 | 0.00 | 1.63 | 6.54 | 6.54 |

续表

| 地区 | 1 | 2 | 3 | 4 | 5 | 6 |
| --- | --- | --- | --- | --- | --- | --- |
| 总成本合计 | 9.22 | 7.43 | 7.59 | 8.24 | 20.46 | 15.11 |
| 育苗数量（盘） | 1732.46 | 2022.66 | 1408 | 1261.7 | 1028.57 | 1102.4 |
| 售出盘数 | 1334.44 | 1855.43 | 1211 | 1160.6 | 2259.43 | 924.4 |
| 售苗单价（元/盘） | 3.09 | 3 | 3 | 3 | 3 | 3 |
| 售苗金额（元） | 4121.99 | 5961.31 | 3633 | 3481.7 | 2259.43 | 2773.2 |
| 售苗补贴（元/盘） | 2.1 | 1.81 | 3 | 1.65 | 3 | 3 |
| 售苗补贴总额（元） | 3647.27 | 3360.2 | 3633 | 1918.3 | 2484 | 2773.2 |
| 剩余苗盘数 | 322.57 | 168.53 | 190 | 101.35 | 1073.14 | 177.99 |
| 剩余苗补贴（元/盘） | 0.58 | 3 | 4 | 0.26 | 4 | 4 |
| 剩余苗补贴总额（元） | 1170.52 | 505.59 | 760 | 304.05 | 4292.56 | 711.96 |
| 售苗数量+剩余苗数量 | 1657 | 2023.96 | 1401 | 1261 | 26.6 | 1102 |
| 烟农利润（不包括补贴） | -4356 | -723.17 | -7060.3 | -934 | -10772 | -5874 |
| 烟农利润（包括补贴） | 461.79 | 3142.62 | -2667.3 | 1288.1 | -3995.46 | -2388 |
| 烟农成本利润率 | 5.45% | 47.01% | -24.94% | 29.17% | -30.66% | -27.63% |

由以上可以看出，地区5的育苗总成本最高，地区2育苗总成本最低。烟农育苗总成本地区5成本最高，区域4最低。烟草公司育苗总成本地区1最高，地区3最低。政府育苗总成本地区4与地区6最高，地区3最低。烟农成本利润率地区2最高，为47.01%；最低为地区5，利润率为-30.66%，由表3-12可知，其利润率低的原因在于，平均每亩有1073.14盘烟苗未售出，且其物资服务费与人工成本均较高。

为了更加准确科学地分析对于不同地区各主体所投入的每盘烟苗平均成本是否有显著差异，通过计算不同地区每个主体的平均每盘生产成本，采用非参数检验来分析不同的生产组织形式之间的平均成本是否存在显著差异。由于涉及6个地区，因此采用多个独立样本检验，运用Kruskal Wallis Test，检验结果如表3-13所示。

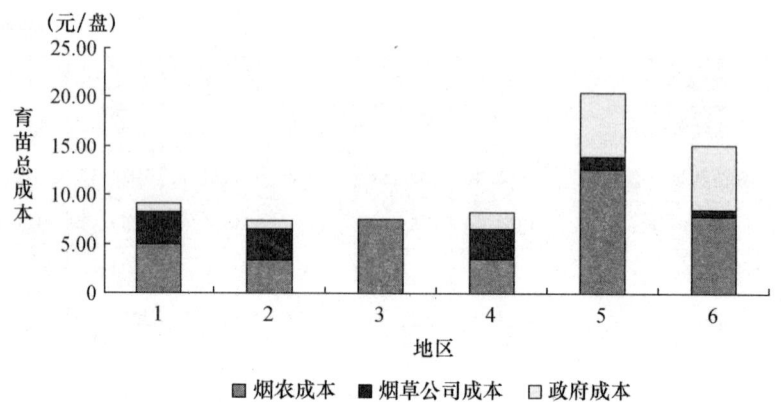

图 3-8 不同地区育苗总成本构成

表 3-13 育苗阶段各生产组织形式成本—收益多个独立样本检验分析

|  | 烟农平均成本 | 烟草公司平均成本 | 政府平均成本 | 总平均成本 | 烟农成本所占比例 | 成本利润率（含补贴） | 成本利润率（不含补贴） |
|---|---|---|---|---|---|---|---|
| Chi-Square | 8.404 | 5.171 | 11.365 | 3.836 | 9.432 | 8.475 | 9.761 |
| df | 5 | 5 | 5 | 5 | 5 | 5 | 5 |
| Asymp. Sig. | 0.135 | 0.395 | 0.055 | 0.573 | 0.093 | 0.132 | 0.082 |

注：*表示 $p < 0.05$ 具有显著差异。

由表 3-13 可以看出，对于不同的地区，烟农的平均成本、总平均成本、成本利润率、烟草公司平均成本、政府平均成本均无显著性差异。这表明不同地区的烟苗生产成本与收益没有明显差别，数据误差主要来源于统计误差。

### 四 种植阶段成本、收益与质量分析

（一）不同组织形式成本—收益与质量分析

根据调查数据，统计得到烟叶种植不同生产组织形式各阶段的成本—收益，如表 3-14 所示，并通过计算不同组织形式每个主体的平均每亩生产成本与收益，采用非参数检验来分析不同的生产组织形式之间的平均成本与收益是否存在显著差异，具体结果如表 3-15 所示。

表 3-14　　　　　种植阶段不同组织形式成本—收益

| | 生产组织形式 | 2, 5 | 2, 6 | 3, 5 | 3, 6 | 3, 7 | 4 | 5 | 6 | 7 |
|---|---|---|---|---|---|---|---|---|---|---|
| 移栽阶段 | 物资服务费（元/亩） | 265 | 287 | 67 | 286 | 380 | 338 | 278 | 329 | 387 |
| | 人工成本（元/亩） | 142 | 393 | 315 | 399 | 407 | 365 | 322 | 408 | 370 |
| | 土地成本（元/亩） | 250 | 405 | 365 | 383 | 255 | 300 | 417 | 280 | 237 |
| | 烟草公司成本（元/亩） | 141 | 152 | 165 | 127 | 137 | 135 | 407 | 143 | 150 |
| | 政府成本（元/亩） | 49 | 0 | 0 | 0 | 0 | 0 | 4 | 5 | 0 |
| | 实际种植面积（亩） | 406 | 340 | 785 | 155 | 30 | 465 | 981 | 2453 | 267 |
| 管理阶段 | 物资服务费（元/亩） | 9 | 19 | 0 | 34 | 34 | 32 | 11 | 11 | 26 |
| | 人工成本（元/亩） | 173 | 317 | 288 | 357 | 408 | 132 | 228 | 346 | 467 |
| | 烟草公司成本（元/亩） | 14 | 14 | 0 | 17 | 18 | 7 | 10 | 10 | 14 |
| | 政府成本（元/亩） | 0 | 0 | 0 | 0 | 0 | 0 | 0 | 0 | 0 |
| 烘烤阶段 | 物资服务费（元/亩） | 205 | 286 | 409 | 247 | 713 | 274 | 542 | 402 | 459 |
| | 人工成本（元/亩） | 346 | 591 | 464 | 648 | 1769 | 283 | 612 | 914 | 1263 |
| | 烟草公司成本（元/亩） | 227 | 354 | 131 | 335 | 394 | 370 | 279 | 265 | 301 |
| | 政府成本（元/亩） | 3 | 0 | 0 | 0 | 0 | 0 | 0 | 0 | 0 |
| | 受灾成本（元/亩） | 1 | 1 | 0 | 3 | 16 | 4 | 4 | 3 | 7 |
| | 上等烟产量（公斤/亩） | 8 | 45 | 27 | 32 | 35 | 57 | 25 | 34 | 40 |
| | 总产量（公斤/亩） | 43 | 116 | 96 | 92 | 105 | 129 | 81 | 100 | 104 |
| | 烟农总成本（元/亩） | 1389 | 2299 | 1908 | 2353 | 3966 | 1724 | 2411 | 2690 | 3208 |
| | 烟草公司总成本（元/亩） | 382 | 520 | 296 | 479 | 549 | 512 | 696 | 418 | 464 |
| | 政府总成本（元/亩） | 56 | 0 | 0 | 0 | 0 | 0 | 4 | 5 | 0 |
| | 总成本（元/亩） | 1827 | 2819 | 2204 | 2832 | 4515 | 2236 | 3111 | 3113 | 3672 |
| | 利润（元/亩） | 601 | 9 | -125 | -484 | -1824 | 829 | -807 | -736 | -1108 |
| | 烟农成本利润率 | -43.3% | -0.4% | -6.5% | -20.6% | -46.0% | 48.1% | -33.5% | -27.4% | -34.5% |
| | 总成本利润率 | -32.9% | -0.3% | -5.7% | -17.1% | -40.4% | 37.1% | -26.0% | -23.6% | -30.2% |
| | 家庭用工数量合计（个）/亩 | 3 | 6 | 0 | 6 | 25 | 0 | 1 | 7 | 23 |
| | 雇工数量合计（个）/亩 | 7 | 10 | 21 | 10 | 6 | 13 | 16 | 16 | 7 |
| | 人工成本合计（元/亩） | 660 | 1301 | 1067 | 1403 | 2584 | 780 | 1163 | 1668 | 2099 |
| | 烟农物资服务费用合计（元/亩） | 479 | 593 | 476 | 567 | 1127 | 643 | 831 | 742 | 872 |

由表3-14可以看出，自育苗普通烟农生产成本最高，烟农成本利润率最低，其主要原因是各阶段人工成本、移栽阶段与烘烤阶段物资服务费较高，其中主要是家庭用工较高。生产型合作社生产成本最低，烟农成本利润率最高。

由图3-9可以看出，普通烟农的家庭用工数量最多，而家庭农场的雇工数量最多，自育苗的普通烟农的总用工量最多。

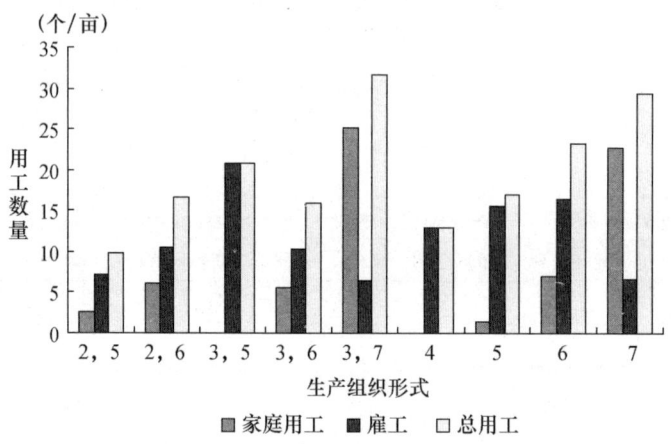

图3-9 不同生产组织形式的用工数量

由表3-15至表3-17可以看出，不同的生产组织形式只对烟农的生产成本、人工成本及土地成本有显著性影响。在管理阶段和烘烤阶段各不同组织形式烟农成本具有显著性差异，这两个阶段的总成本差异也主要是由烟农成本差异所引起。各组织形式的上等烟比例、亩产值、亩产量及收益率无显著性差异，其主要原因是虽然不同组织形式烟农成本具有显著性差异，但各组织形式在土地成本上也具有显著性差异，例如普通烟农的土地成本低，但其各阶段的人工成本相对较高，因此最终使得各生产组织形式在收益率上无显著性差异。

（二）不同地区成本—收益与质量分析

为了分析不同地区之间的成本—收益差异，将调查数据整理分析得到表3-18。

表 3-15  种植阶段各生产组织形式成本—收益多个独立样本检验分析（1）

|  | 移栽阶段 |  |  |  | 管理阶段 |  |  |  | 烘烤阶段 |  |  |  |
|---|---|---|---|---|---|---|---|---|---|---|---|---|
|  | 烟农 | 烟草公司 | 政府 | 总成本 | 烟农 | 烟草公司 | 政府 | 总成本 | 烟农 | 烟草公司 | 政府 | 总成本 |
| Chi-Square | 2.31 | 0.29 | 4.70 | 1.23 | 20.5 | 29.7 | 0.00 | 11.3 | 20.8 | 5.06 | 8.70 | 18.8 |
| df | 3 | 3 | 3 | 3 | 3 | 3 | 3 | 3 | 3 | 3 | 3 | 3 |
| Asymp. Sig. | 0.51 | 0.96 | 0.19 | 0.74 | 0.00* | 0.00 | 1.00 | 0.01* | 0.00* | 0.168 | 0.034 | 0.00* |

注：* 表示 p < 0.05 具有显著差异。

表 3-16  种植阶段各生产组织形式成本—收益多个独立样本检验分析（2）

|  | 烟农总成本 | 烟草公司总成本 | 政府总成本 | 成本合计 | 物资服务费合计 | 人工成本合计 | 土地成本合计 |
|---|---|---|---|---|---|---|---|
| Chi-Square | 18.83 | 6.74 | 4.70 | 13.63 | 3.99 | 43.69 | 55.04 |
| df | 3 | 3 | 3 | 3 | 3 | 3 | 3 |
| Asymp. Sig. | 0.000* | 0.080 | 0.195 | 0.003* | 0.263 | 0.000* | 0.000* |

表 3-17  种植阶段各生产组织形式成本—收益多个独立样本检验分析（3）

|  | 上等烟比例 | 亩产值（含补贴） | 烟农收益率（含补贴,不含其他成本） | 烟农收益率（含补贴,含所有成本） | 亩产值（不含补贴） | 亩产量 |
|---|---|---|---|---|---|---|
| Chi-Square | 1.55 | 6.49 | 7.21 | 6.56 | 6.39 | 7.05 |
| df | 3 | 3 | 3 | 3 | 3 | 3 |
| Asymp. Sig. | 0.671 | 0.090 | 0.066 | 0.087 | 0.094 | 0.070 |

表 3-18  不同地区成本—收益

|  | 地区 | 1 | 2 | 3 | 4 | 5 | 6 |
|---|---|---|---|---|---|---|---|
| 移栽阶段 | 物资服务费（元/亩） | 336 | 355.7 | 293.2 | 306.2 | 66.7 | 266 |
|  | 人工成本（元/亩） | 408.8 | 341.5 | 325.4 | 412.1 | 315.2 | 187.1 |
|  | 土地成本（元/亩） | 215.3 | 455.1 | 283.5 | 312.7 | 365 | 253.8 |
|  | 烟草公司成本（元/亩） | 387.8 | 162 | 147.1 | 128.4 | 165.1 | 130.5 |
|  | 政府成本（元/亩） | 2.2 | 2.6 | 3.3 | 0 | 0 | 2.2 |
|  | 实际种植面积（亩） | 1431 | 1427 | 691.8 | 1060.4 | 0 | 318 |

续表

|  | 地区 | 1 | 2 | 3 | 4 | 5 | 6 |
|---|---|---|---|---|---|---|---|
| 管理阶段 | 物资服务费（元/亩） | 14.7 | 28.6 | 4.3 | 5.9 | 0.4 | 11.5 |
|  | 人工成本（元/亩） | 356.5 | 224.3 | 322.6 | 360.4 | 288.3 | 219.2 |
|  | 烟草公司成本（元/亩） | 11.6 | 11.7 | 14.4 | 7.3 | 0 | 12.5 |
|  | 政府成本（元/亩） | 0 | 0 | 0 | 0 | 0 | 0 |
| 烘烤阶段 | 物资服务费（元/亩） | 392.2 | 500.9 | 380.3 | 385.3 | 408.6 | 194.1 |
|  | 人工成本（元/亩） | 913.3 | 629.4 | 950 | 914.2 | 463.6 | 310.2 |
|  | 烟草公司成本（元/亩） | 287.1 | 367 | 261.4 | 247 | 130.8 | 234.7 |
|  | 政府成本（元/亩） | 0 | 0 | 0 | 0 | 0 | 4 |
|  | 受灾成本（元/亩） | 4 | 3 | 2 | 4 | 0.1 | 2 |
|  | 上等烟产量（公斤/亩） | 30 | 48 | 30 | 33 | 27 | 10 |
|  | 亩产量（公斤/亩） | 94 | 124 | 98 | 84 | 96 | 59 |
|  | 烟农总成本（元/亩） | 2637 | 2536 | 2559 | 2697 | 1908 | 1442 |
|  | 烟草公司总成本（元/亩） | 686 | 541 | 423 | 383 | 296 | 378 |
|  | 政府总成本（元/亩） | 2 | 3 | 3 | 0 | 0 | 95 |
|  | 利润（元/亩） | -793 | -81 | -624 | -1050 | -126 | -363 |
|  | 烟农成本利润率（元/亩） | -30% | -3% | -24% | -39% | -7% | -25% |
|  | 总成本利润率（元/亩） | -24% | -3% | -21% | -34% | -6% | -19% |
|  | 家庭用工数量合计（个/亩） | 7.8 | 3.4 | 5.1 | 8 | 0 | 3.7 |
|  | 雇工数量合计（个/亩） | 12.2 | 13.6 | 18.4 | 16.9 | 20.9 | 7 |
|  | 人工成本合计（元/亩） | 1679 | 1195 | 1598 | 1687 | 1067 | 716 |
|  | 烟农物资服务费用合计（元/亩） | 743 | 885 | 678 | 697 | 476 | 472 |

由表 3-18 可以看出，地区 4 的烟农总成本最高，人工成本最高，烟农成本利润率最低。地区 2 亩均总产量最高，烟农成本利润率也最高。地区 6 虽然烟农总成本与人工成本均较低，但其亩均产量最低，因此烟农成本利润率也较低。

由图 3-10 可以看出，对于不同地区，各阶段所投入的成本均不同，一般来说，管理阶段成本低，烘烤阶段成本最高。对于烟草公司而言，对于不同的地区，不同的阶段所投入的成本均存在较大的差别，如图 3-11 所示。

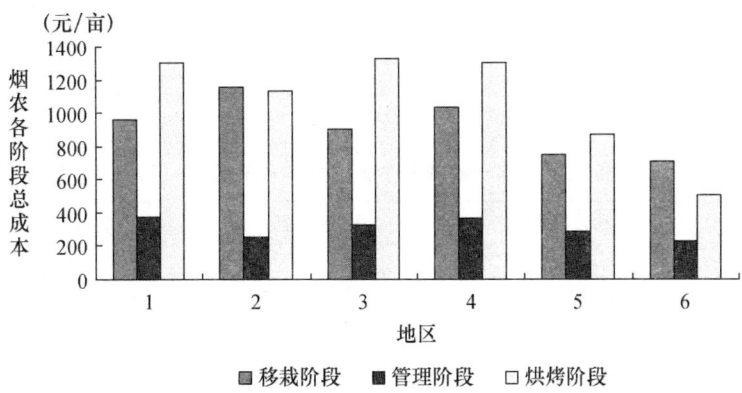

图 3-10　不同地区烟农各阶段的成本

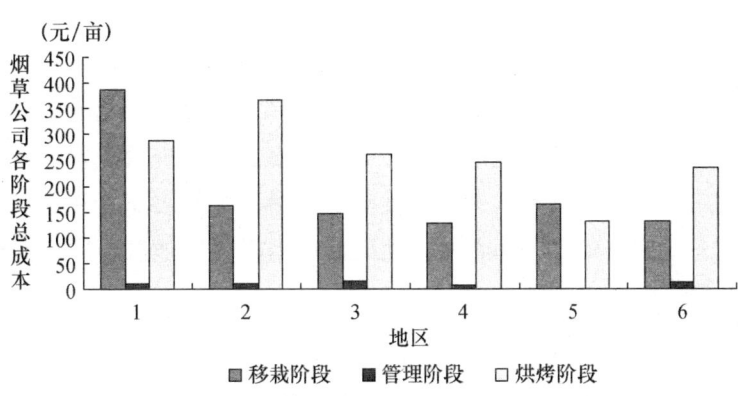

图 3-11　不同地区烟草公司各阶段的投入成本

为了更加科学准确地确定各地区成本—收益是否存在差异，运用非参数检验得到最终结果如表 3-19 所示。

由表 3-19 可以看出，在移栽阶段烟农所投入的成本，管理阶段烟草公司投入的成本，烘烤阶段烟草公司、政府以及总成本对于不同地区存在显著性差异。地区 2 移栽阶段烟农所投入的成本最高，为 1152.3 元/亩，地区 6 最低，为 706.9 元/亩。管理阶段烟草公司成本投入最高地区是地区 3，为 14.4 元/亩，最低为地区 5，为 0 元/亩。烘烤阶段总成本地区 1 最高，为 1596.6 元/亩，地区 6 最低，为 745

元/亩。由此可见，烟草公司对于不同的地区在管理阶段与烘烤阶段的成本投入是不同的。

表 3-19　各地区成本—收益多个独立样本检验分析（1）

|  | 移栽阶段 ||||  管理阶段 ||||  烘烤阶段 ||||
|---|---|---|---|---|---|---|---|---|---|---|---|---|
|  | 烟农 | 烟草公司 | 政府 | 总成本 | 烟农 | 烟草公司 | 政府 | 总成本 | 烟农 | 烟草公司 | 政府 | 总成本 |
| Chi-Square | 16.4 | 8.16 | 50.6 | 15.3 | 11.5 | 14.8 | 0.00 | 7.73 | 9.85 | 26.7 | 31.3 | 11.7 |
| df | 5 | 5 | 5 | 5 | 5 | 5 | 5 | 5 | 5 | 5 | 5 | 5 |
| Asymp. Sig. | 0.01* | 0.15 | 0.12 | 0.01* | 0.04 | 0.01* | 1.00 | 0.172 | 0.08 | 0.00* | 0.00* | 0.04* |

注：*表示 $p < 0.05$ 具有显著差异。

由表 3-20 可以看出，农民总成本在各地区无显著性差异，虽然人工成本、土地成本及物资服务费在各地区具有显著性差异，但在人工成本高的地区，其土地成本往往偏低，再加上物资服务费，三者的相互作用使得烟农总成本无显著性差异。另外，与表 3-19 所得的结论相同，政府与烟草公司在不同地区的成本投入因地区不同而产生显著性差异。

表 3-20　各地区成本—收益多个独立样本检验分析（2）

|  | 农民总成本 | 烟草公司总成本 | 政府总成本 | 成本合计 | 物资服务费合计 | 人工成本合计 | 土地成本合计 |
|---|---|---|---|---|---|---|---|
| Chi-Square | 10.19 | 28.12 | 50.60 | 12.52 | 14.98 | 12.50 | 32.13 |
| df | 5 | 5 | 5 | 5 | 5 | 5 | 5 |
| Asymp. Sig. | 0.070 | 0.000* | 0.000* | 0.028 | 0.010* | 0.029* | 0.000* |

注：*表示 $p < 0.05$ 具有显著差异。

由表 3-21 可以看出，不同的地区所生产的烟叶质量、烟农成本利润率、亩产量均具有显著性差异。地区 2 上等烟的产量较大，为 48 公斤/亩，而地区 6 最低，为 10 公斤/亩。地区 4 烟农成本利润率最低，为 -39%，地区 2 烟农成本利润率最高，为 -3%。地区 2 亩产量最高,为124公斤/亩,地区4亩产量最低,为84公斤/亩。

表3-21　　各地区成本—收益多个独立样本检验分析(3)

|  | 上等烟比例 | 烟农成本利润率 | 亩产量 |
|---|---|---|---|
| Chi-Square | 17.12 | 14.83 | 23.54 |
| df | 5 | 5 | 5 |
| Asymp. Sig. | 0.004* | 0.011* | 0.00* |

注:*表示 $p<0.05$ 具有显著差异。

(三)不同整地起垄专业化程度成本—收益与质量分析

由于不同整地起垄专业化程度对移栽的成本产生影响,与非专业化相比,可能会影响耕地的质量,从而影响烟叶的质量与产量,进而影响烟农收益率。因此,根据调查资料得到表3-22。

表3-22　　不同整地起垄专业化程度的移栽阶段成本及收益

|  | 移栽阶段成本 |  |  |  |  |  | 实际种植面积 亩 | 产量与利润 |  |  |  |  |  |
|---|---|---|---|---|---|---|---|---|---|---|---|---|---|
|  | 直接费用 元/亩 | 间接费用 元/亩 | 物资服务费合计 元/亩 | 家庭用工数量 个/亩 | 雇工数量 个/亩 | 烟草公司成本合计 元/亩 |  | 上等烟产量 公斤/亩 | 中等烟产量 公斤/亩 | 下等烟产量 公斤/亩 | 亩产量 公斤 | 亩产值(含补贴) 元/亩 | 烟农成本利润率 |
| 1 | 222.0 | 3.3 | 225.3 | 0.4 | 4.6 | 156.7 | 1853.0 | 30.5 | 60.8 | 7.2 | 98.5 | 1927.3 | -15.1% |
| 0 | 313.1 | 14.5 | 327.6 | 1.2 | 3.7 | 146.0 | 3679.2 | 36.4 | 58.1 | 6.1 | 100.6 | 2068.6 | -9.1% |

注:1表示专业化整地起垄,0表示非专业化整地起垄。

由表3-22可以看出,专业化整地起垄为1853亩,占33.49%,亩产量为98.5公斤,烟农成本利润率为-15.1%;非专业整地起垄为3679.2亩,占66.51%,亩产量为100.6公斤,烟农成本利润率为-9.1%。

分析专业化与非专业化整地起垄是否对烟农的成本与收益有显著性影响,采用非参数检验得到表3-23。

表3-23 不同整地起垄专业化程度非参数检验

| | 移栽阶段成本 | | | | | 产量与利润 | | | | | |
|---|---|---|---|---|---|---|---|---|---|---|---|
| | 直接费用 元/亩 | 间接费用 元/亩 | 物资服务费合计 元/亩 | 家庭用工数量 个/亩 | 雇工数量 个/亩 | 烟草公司成本合计 元/亩 | 上等烟产量 公斤/亩 | 中等烟产量 公斤/亩 | 下等烟产量 公斤/亩 | 亩产量 公斤 | 亩产值(含补贴) 元/亩 | 烟农成本利润率 |
| Chi-Square | 0.83 | 6.75 | 0 | 7.64 | 5.16 | 0.01 | 0.07 | 0.02 | 0.47 | 0.02 | 0.16 | 0.99 |
| df | 1 | 1 | 1 | 1 | 1 | 1 | 1 | 1 | 1 | 1 | 1 | 1 |
| Asymp. Sig. | 0.36 | 0.01* | 0.96 | 0.01* | 0.02* | 0.92 | 0.79 | 0.9 | 0.49 | 0.88 | 0.69 | 0.32 |

注：*表示 $p<0.05$ 具有显著差异。

由表3-23可以看出，由于采用专业化整地起垄，使得机械化代替劳动力，从而使得间接费用、家庭用工数量、雇工数量有显著性差异，而对亩产量、烟农成本利润率无显著性影响。由表3-22可以看出，非专业化整地起垄与专业化相比，间接费用多11.2元/亩，家庭用工数量多0.8个/亩，而雇工数量少0.9个/亩。

由以上分析，可以得出采用专业化整地起垄，对产量与烟农成本利润率没有影响，这就说明对于劳动力不足的地区，可以采用专业化来弥补，这样既保证了生产，也不会影响产量与收入。

（四）不同专业化烘烤成本—收益与质量分析

由于专业化烘烤对烘烤阶段的成本产生影响，与非专业化相比，会影响烟叶的质量与产量，进而影响烟农收益率。因此，重点分析烘烤阶段的成本、产量与利润相关的指标。根据调查资料得到表3-24。

由表3-24可以看出，采用专业化烘烤的面积为529亩，占9.17%，上等烟产量为26.83公斤/亩，中等烟产量为61.42公斤/亩，烟农成本利润率为-29.9%；非专业化烘烤为5236亩，占90.83%，上等烟产量为33.65公斤/亩，中等烟产量为56.12公斤/亩，烟农成本利润率为-14.7%。

表 3-24　　　不同专业化烘烤的烘烤阶段成本及收益

| | 烘烤阶段成本 ||||||| 产量与利润直接费用 |||||
|---|---|---|---|---|---|---|---|---|---|---|---|---|
| | 直接费用元/亩 | 间接费用元/亩 | 物资服务费合计元/亩 | 家庭用工数量个/亩 | 雇工数量个/亩 | 烟草公司成本合计元/亩 | 实际种植面积 | 上等烟产量公斤/亩 | 中等烟产量公斤/亩 | 下等烟产量公斤/亩 | 亩产量公斤 | 亩产值(含补贴)元/亩 | 烟农成本利润率 |
| 1 | 753.77 | 2.67 | 756.45 | 0.32 | 6.95 | 492.18 | 529 | 26.83 | 61.42 | 3.85 | 92.1 | 1832 | -29.9% |
| 0 | 358.43 | 10.59 | 367.17 | 2.87 | 7.99 | 743.77 | 5236 | 33.65 | 56.12 | 6.48 | 96.3 | 1964 | -14.7% |

注：1 表示专业化烘烤，0 表示非专业化烘烤。

为分析专业化与非专业化烘烤是否对烟农的成本与收益有显著性影响，采用非参数检验得到表 3-25。

表 3-25　　　烘烤专业化与非专业化的非参数检验

| | 直接费用 | 间接费用 | 家庭用工数量 | 雇工数量 | 烟草公司成本合计 | 上等烟产量 | 中等烟产量 | 下等烟产量 | 亩产量 | 亩产值 | 烟农成本利润率 |
|---|---|---|---|---|---|---|---|---|---|---|---|
| Chi-Square | 10.17 | 2.66 | 8.28 | 0.00 | 8.18 | 0.41 | 1.18 | 0.59 | 0.62 | 0.15 | 0.21 |
| df | 1 | 1 | 1 | 1 | 1 | 1 | 1 | 1 | 1 | 1 | 1 |
| Asymp. Sig. | 0.001* | 0.10 | 0.004* | 0.95 | 0.004* | 0.52 | 0.28 | 0.44 | 0.43 | 0.69 | 0.65 |

注：*表示 $p < 0.05$ 具有显著差异。

由表 3-25 可以看出，专业化烘烤与非专业化烘烤对烟农的直接费用、家庭用工数量以及烟草公司在此阶段的成本产生显著性差异。采用专业化烘烤，直接费用为 753.77 元/亩，较非专业化烘烤 358.43 元/亩多 395.34 元/亩，但专业化烘烤的家庭用工数量为 0.32 个/亩，较非专业化烘烤少 2.55 个/亩，且烟草公司的投入较非专业化烘烤少 251.59 元/亩。

通过以上分析可以看出，专业化烘烤增加了烟农的直接费用，减少了烟农的家庭用工数量与烟草公司的投入，但对烟叶的质量、产量及烟农成本利润率无影响。因此，采用专业化烘烤是减少人工数量短缺的一种方法，提高了效率而不影响质量、产量及烟农利润率。

## (五) 不同烟叶分级方式成本—收益与质量分析

由于专业化分级对烘烤阶段的成本产生影响，与非专业化相比，会影响烟叶的质量与产量，进而影响烟农收益率。因此，重点分析烘烤阶段的成本、产量与利润相关的指标。根据调查资料得到表3-26。

表3-26　不同烟叶分组方式的烘烤阶段成本及收益

| | 烘烤阶段成本 | | | | | | 产量与利润 | | | | | |
|---|---|---|---|---|---|---|---|---|---|---|---|---|
| | 直接费用 元/亩 | 间接费用 元/亩 | 物资服务费合计 元/亩 | 家庭用工数量 个/亩 | 雇工数量 个/亩 | 烟草公司成本合计 元/亩 | 实际种植面积 亩 | 上等烟产量 公斤/亩 | 中等烟产量 公斤/亩 | 下等烟产量 公斤/亩 | 亩产量 公斤 | 亩产值(含补贴) 元/亩 | 烟农成本利润率 |
| 1 | 437.60 | 8.44 | 445.10 | 0.82 | 7.17 | 288.83 | 2141.00 | 37.04 | 61.51 | 6.48 | 105 | 2132 | -0.3% |
| 0 | 369.35 | 10.70 | 377.95 | 3.70 | 8.32 | 256.65 | 3624.20 | 30.65 | 53.71 | 6.09 | 90 | 1846 | -25.8% |

注：1表示专业化分级，0表示非专业化分级。

由表3-26可以看出，采用专业化分级的面积为2141亩，占37.14%，上等烟产量为37.04公斤/亩，中等烟产量为61.51公斤/亩，烟农成本利润率为0.3%；非专业化分级为3624.2亩，占62.86%，上等烟产量为30.65公斤/亩，中等烟产量为53.71公斤/亩，烟农成本利润率为-25.8%。

为分析专业化与非专业化分级是否对烟农的成本与收益有显著性影响，采用非参数检验得到表3-27。

表3-27　分级专业化与非专业化的非参数检验

| | 直接费用 | 间接费用 | 物资服务费合计 | 家庭用工数量 | 雇工数量 | 烟草公司成本合计 | 上等烟产量 | 中等烟产量 | 下等烟产量 | 亩产量 | 亩产值 | 烟农成本利润率 |
|---|---|---|---|---|---|---|---|---|---|---|---|---|
| Chi-Square | 0.59 | 0.96 | 0.73 | 7.55 | 1.72 | 11.30 | 0.01 | 0.90 | 3.26 | 0.41 | 0.5 | 0.47 |
| df | 1.00 | 1.00 | 1.00 | 1.00 | 1.00 | 1.00 | 1.00 | 1.00 | 1.00 | 1.00 | 1.00 | 1.00 |
| Asymp. Sig. | 0.443 | 0.327 | 0.394 | 0.006* | 0.190 | 0.001* | 0.918 | 0.342 | 0.071 | 0.524 | 0.484 | 0.495 |

由表 3-27 可以看出，专业化分级与非专业化分级对家庭用工数量以及烟草公司在此阶段的成本产生显著性差异。采用专业化分级的家庭用工数量为 0.82 个/亩，较非专业化分级少 2.88 个/亩，但烟草公司的投入较非专业化分级多 32.18 元/亩。

通过以上分析可以看出，专业化分级减少了烟农的家庭用工数量，但增加了烟草公司的投入，但对烟叶的质量、产量及烟农成本利润率无影响。因此，采用专业化分级可以在不影响质量、产量及烟农利润率的前提下有效解决人工不足的问题，但其前提是以提高烟草公司成本为代价。

### 五 有机烟与无机烟成本—收益分析

经济的发展使人民生活水平得到提高，也对烟叶质量提出更高的要求。有机烟叶的生产要求生产过程中不使用化学合成的农药、化肥、生产调节剂等物资，以及基因工程生物及其产物，而是遵循自然规律和生态学原理，采用一系列可持续发展的农业技术以维持持续稳定的农业生产体系的一种农业生产方式。因此，与无机烟相比，其相应产量低。抽样调查中，共调查有机烟种植两户，全部为流转地共192 亩。具体成本与收益如表 3-28 所示。

表 3-28　　　　有机烟与无机烟成本—收益比较　　　单位：元/亩

| 项目 | 有机烟 | 无机烟 |
| --- | --- | --- |
| 总成本 | 1500.43 | 2405.53 |
| 生产成本 | 1200.43 | 2094.24 |
| 物资与服务费用 | 344.0124 | 707.63 |
| 人工成本 | 856.4174 | 1386.61 |
| 家庭用工折价 | 0 | 333.51 |
| 雇工费用 | 856.4174 | 1053.1 |
| 土地成本 | 300 | 311.29 |
| 流转地租金 | 300 | 32.02 |
| 自营地折租 | 0 | 279.27 |
| 主产品产量 | 42.99193 | 98 |

续表

| 项目 | 有机烟 | 无机烟 |
|---|---|---|
| 产值合计 | 778.5149 | 1916 |
| 净利润 | -721.915 | -489.53 |
| 成本利润率（%） | -48.11% | -33.65% |
| 每亩用工数量 | 10.2625 | 20.1 |

由表3-28可以看出，相对于无机烟，有机烟的各项成本较低，产量、产值及利润率均相对较低。由于有机烟实质上是一种"绿色"烟叶，相对于无机烟叶，其物资与服务费用应该相对较低，为了提高有机烟的产量，可以通过投入更多的人工来弥补物资与服务费用的减少。但通过表3-28可以看出，有机烟每亩用工成本为10.3个，而无机烟为20.1个，由此可见，有机烟的产量与产值可以进一步提高，而这需要公司进一步激励种植有机烟的烟农，使其投入更多的人工来提高产量与产值。

## 第四节 现代烟草农业组织效率与规模

### 一 引言

现代烟草农业是以规模化种植为基础、以机械化作业为标志、以专业化生产为特征、以精细化管理为手段、以基础设施为保障，推进烟叶生产组织以单个农户为主向规模化经营转变，生产方式也由以分散生产为主向专业化生产服务合作社转变，管理方式由以传统手段为主转向精细化管理，从而达到降低烟农的生产投入、劳动强度以及经营风险，增加烟农种烟收入的目的。扶持发展适度规模种烟农户，提高烟草种植效率是烟草行业推动现代烟草农业发展的一条重要措施。目前生产型合作社、家庭农场、专业大户及普通烟农是现代烟草农业的主要组织形式，不同的组织形式由于其自身的组织特征、政策支持程度、所处的自然环境与社会环境的不同，其种植效率与适度规模也就不一样。2013 年中央一号文件指出，坚持依法自愿有偿的原则，引导农村土地承包经营权有序流转，鼓励和支持承包土地向专业大户、家庭农场、农民合作社流转，发展多种形式的适度规模经营。因此，研究现代烟草农业的生产效率，确定不同生产组织的种植规模及最优投入指导生产，对现代农业发展具有重要意义。

运用数据包络分析法（Data Envelopment Analysis，DEA）研究农业生产效率及烟草农业种植效率的目前较多，宋朝鹏（2011）运用数据包络分析法构建了现代烟草农业评价指标体系并对武隆各地区进行资源配置效率评价。刘战伟（2011）运用 DEA 的 Malmquist 指数方法，对河南省 2000—2008 年农业全要素生产率进行测算和分析。张宏永（2011）从烟农的微观层面入手通过科学的方法大量调查样本烟农的种植情况，然后以 DEA - Tobit 两阶段方法为基本工具建立了烟农种植规模效率的评测模型，探求烟草农业种植规模效率的内在变化规律及影响因素。刘莉（2012）运用 DEA 模型对我国多个省市的农业生产效率进行评价，发现我国农业全要素生产率更多地依赖于技术进步，以及欠发达省市或中部及西部地区农业生产效率普遍偏低。洪名勇（2012）运用 DEA 方法，选取 6 个输入指标和 3 个输出指标建立评价指标体系分析了 2004—2009 年西部 12 省市地区的农业循环经济效率。郝明玉（2012）运用非参数的 DEA 方法，选取了 2008—2010 年的农业生产投入和产出指标，分析了河南省 18 个地级市农业生产效率的变化。

从以上文献可以看出，很多学者运用 DEA 方法研究以地域为决策单元对农业生产效率或烟草农业种植效率进行评价分析，而很少有人针对以农业的组织形式为决策单元的生产效率进行评价分析。因此，本书主要以农业组织为决策单元，首先运用 DEA 理论分析不同的农业组织效率，其次运用改进的 TOPSIS 方法分析不同的农业组织的适度规模及最佳投入问题。

## 二　模型、指标选取及数据来源

（一）DEA 与改进的 TOPSIS 模型

DEA 模型是一个前沿面估计的非参数数学规划模型，Charnes

(1978)等提出了基于输入的且固定规模报酬（CRS）的 DEA 模型。随后许多文章对其假设进行改变，如 Banker（1984）提出了变动规模报酬（VRS）下的 DEA 模型。DEA 是在"相对效率评价"概念基础上发展起来的一种全新的系统分析方法。它以某一生产系统中的实际决策单元为基础，建立在决策单元"Pareto 最优"的概念之上，通过利用线性规划技术生产系统的效率前沿面，进而得到各决策单元的相对效率及规模效益等方面的信息。本书基于 VRS 的 DEA 模型对烟农种植组织形式效率进行测度，这包括测算烟农种植规模的三个效率：综合技术效率、纯技术效率和规模效率。

改进 TOPSIS 方法是一种新的多指标决策方法，该方法利用决策矩阵的信息，客观地赋予各指标的权重系数，并以各方案到理想点距离的加权平方和作为综合评价的依据。设决策矩阵为 $X = (x_{ij}) m \times n$，用向量归一化法对决策矩阵进行标准化处理，得标准化矩阵 $Y = (y_{ij}) m \times n$，从而得到理想解为 $Y^* = \{(\max\limits_{1 \leq i \leq m} y_{ij} | j \in J^+), (\min\limits_{1 \leq i \leq m} y_{ij} | j \in J^-)\} = \{y_1^*, y_2^*, \cdots, y_n^*\}$，其中 $J^+ = \{$效益型指标集$\}$，$J^- = \{$成本型指标集$\}$。权重向量 $W = (w_1, w_2, \cdots, w_n)^T$，且 $v_{ij} = w_j \cdot y_{ij}$，最优权重系数应满足：

$$\min Z = \sum_{i=1}^{m} \sum_{j=1}^{n} (v_{ij} - v_j^*)^2$$

$$s.t. \begin{cases} \sum_{j=1}^{n} w_j = 1 \\ w_j > 0, (j = 1, 2, \cdots, n) \end{cases}$$

用拉格朗日乘数法，可以解得：

$$w_j = \left[\sum_{j=1}^{n} \frac{1}{\sum_{i=1}^{m}(y_{ij} - y_1^*)^2}\right]^{-1} \cdot \left[\sum_{i=1}^{m}(y_{ij} - y_j^*)^2\right]^{-1} \quad (3-1)$$

计算各方案到理想解的距离平方和：

$$d_i = \sum_{j=1}^{n}(y_{ij} - y_j^*)^2 w_j^2 (i = 1, 2, \cdots, m) \quad (3-2)$$

按 $d_i$ 对方案排序，$d_i$ 越小，则方案越优。

## （二）指标选取

投入指标的选择根据 2004 年国家发展改革委、农业部、国家粮食局、国家烟草专卖局、供销合作总社五部委组织确立的新农产品成本调查核算指标体系，选取烟农物资与服务费用、用工量、土地投入为投入指标。由于烟草公司对烟农在物资与服务费用上有较多补贴，因此将烟草公司投入也作为投入指标。

烟叶生产提倡"优质、适产、高效"，优先考虑产品质量，其次考虑产量。一般而言，在一定范围内随着单位面积产量的提高，烟叶质量在不断上升，但是超过这个产量范围，烟叶质量便开始下降，产量越高，品质越差，单位面积产值也随之降低，因此产值包含烟叶质量与产量的综合信息，能客观反映烟叶种植效率。为了更准确地反映效率，产出指标有上等烟产量、总产量以及总产值。

## （三）数据来源

根据贵州 A 地区总的烟农数量，通过访问调查的形式共调查安顺地区烟农 94 户，其中合作社 1 户，家庭农场 8 户，专业大户 63 户，普通烟农 22 户。根据 DEA 理论特征，先将 94 户烟农的投入与产出统一进行 DEA 分析，再根据农业组织形式进行分组，最后根据各分组的效率进行统计分析并对组内与组间分别比较。先统一评价后分组的主要原因是若先分组后对各组进行 DEA 评价只能反映各组内相对效率，而不能反映组间的相对效率。

### 三　效率评价与最优规模确定

（一）效率评价

根据调查数据，采用 DEA 软件对 94 个 DMU 进行评价，分类后统计结果如表 3-29 所示，表中综合效率为纯技术效率与规模效率的乘积，这三个指标下的"总数"表示各生产组织下的评价结果为 1 时的个数。规模收益指标下的"总数"表示各生产组织下的规模收益状态下的个数。

从表 3-29 可以看出，综合效率与规模效率为 1 的烟农共 11 户，占 11.70%，其中合作社为 1 户，占该组织形式的 100%，平均值为 1；家庭农场为 1 户，占该组织形式的 12.50%，平均值为 0.62；专业大户为6户，占该组织形式的9.52%，平均值为0.65；普通烟农为3户，占该组织形式的13.64%，平均值为0.70。纯技术效率为1的烟农共19户，占20.21%，其中合作社为1户，占该组织形式的100%，平均值为1；家庭农场为1户，占该组织形式的12.50%，平均值为0.64；专业大户为9户，占该组织形式的14.29%，平均值为0.74；普通烟农为8户，占该组织形式的36.36%，平均值为0.87。为了更清楚地分析各组织形式的效率是否存在差异，采用非参数统计Kruskal Wallis检验。由表3-30可以看出，纯技术效率与规模效率在各组织形式中存在显著性差异，而综合效率不存在显著性差异。由于综合效率是纯技术效率与规模效率的乘积，与纯技术效率与规模效率具有相关性，因此重点分析纯技术效率与规模效率所存在的差异。

表3-29　　　　　　　各农业组织的效率评价结果

| | 调查总数 | 综合效率 | | | 纯技术效率 | | | 规模效率 | | | 规模收益递增 | | 规模收益递减 | | 规模收益不变 | |
|---|---|---|---|---|---|---|---|---|---|---|---|---|---|---|---|---|
| | | 总数 | 所占比例（%） | 均值 | 总数 | 所占比例（%） | 均值 | 总数 | 所占比例（%） | 均值 | 总数 | 所占比例（%） | 总数 | 所占比例（%） | 总数 | 所占比例（%） |
| 合作社 | 1 | 1 | 100 | 1 | 1 | 100 | 1 | 1 | 100 | 1 | 0 | 0.00 | 0 | 0.00 | 1 | 100 |
| 家庭农场 | 8 | 1 | 12.50 | 0.62 | 1 | 12.50 | 0.64 | 1 | 12.50 | 0.95 | 4 | 50.00 | 3 | 37.50 | 1 | 12.50 |
| 专业大户 | 63 | 6 | 9.52 | 0.65 | 9 | 14.29 | 0.74 | 6 | 9.52 | 0.87 | 54 | 85.71 | 3 | 4.76 | 6 | 9.52 |
| 普通烟农 | 22 | 3 | 13.64 | 0.70 | 8 | 36.36 | 0.87 | 3 | 13.64 | 0.79 | 19 | 86.36 | 0 | 0.00 | 3 | 13.64 |

表3-30　　　　　　各组织形式效率非参数检验结果

| | 综合效率 | 纯技术效率 | 规模效率 |
|---|---|---|---|
| Chi-Square | 3.041 | 11.805 | 8.711 |
| Asymp. Sig. | 0.385 | 0.008* | 0.033* |

注：*表示在0.05水平上存在显著性差异。

综合表3-29与表3-30，除合作社在纯技术效率、规模效率、规模收益三方面均最优外，在纯技术效率最优方面普通烟农所占比例最高，占36.36%，其平均值也较大，为0.87；家庭农场所占比例最低，为 12.50%，平均值也最小，为 0.64。在规模效率最优方面普通烟农所占比例最高，为 13.64%，但其平均值最小，为 0.79。

从规模收益来看，合作社 1 户均为规模最优；家庭农场只有 1 户处于规模最优，4 户处于规模收益递增，3 户处于规模收益递减，分别占该组织形式的 12.50%、50% 与 37.50%；专业大户有 6 户处于规模最优，54 户处于规模收益递增，3 户处于规模收益递减，分别占该组织形式的 9.52%、85.71% 与 4.76%；普通烟农有 3 户处于规模最优，19 户处于规模收益递增，分别占该组织形式的 13.64% 与 86.36%。

通过以上分析，农业组织总体相对效率偏低。合作社在各方面的效率均达到相对最优。家庭农场在纯技术效率方面较低，表明资源配置效率较低，且纯技术效率为 1 的比例也低，在规模效率方面较专业大户和普通烟农高，但一部分农户处于规模收益递增状态表明家庭农场大部分种植规模偏小，而另一部分种植规模偏大，说明家庭农场的种植规模所存在的矛盾较突出，专业大户在纯技术效率方面处于中等水平，在规模效率方面最优农户所占比例相对较低，其大部分农户处于规模收益递增状态，表明专业大户存在种植规模偏小的问题。普通烟农在纯技术效率方面相对较高，但除了少部分烟农处于规模收益不变，其他所有烟农都处于规模收益递增状态，这表明普通烟农的种植规模普遍偏小。因此，针对家庭农场，一是要加强管理，使资源配置尽量达到最优；二是要调节种植规模所存在的矛盾，使得各家庭农场规模相差较小。针对专业大户与普通烟农，则主要目标是要制定合理的土地流转机制来激励烟农种植规模扩大化。

(二) 最优规模与最优投入确定

根据 DEA 对各决策单元的评价，综合效率为 1 的 DMU 的每亩平均投入与产出如表 3-31 所示。对于生产组织综合效率评价结果为 1 的只有 1 个 DMU，此 DMU 所对应的投入与种植面积即为最优投入与最优规模。对于生产组织综合效率评价结果有多个 DMU，则采用改进的 TOPSIS 确定一个最优的 DMU，由此 DMU 所对应的投入与种植面积即为最优投入与最优规模。

表 3-31　　综合效率为 1 的 DMU 的平均每亩投入与产出

|  | 编号 | 物资服务费 | 用工数量 | 烟草公司投入 | 上等烟产量 | 总数量 | 总产值 | 面积 |
|---|---|---|---|---|---|---|---|---|
| 合作社 |  | 643.42 | 12.99 | 512.19 | 56.81 | 128.54 | 2552.42 | 465 |
| 家庭农场 |  | 1081.80 | 6.31 | 577.56 | 35.42 | 91.16 | 1836.01 | 105 |
| 专业大户 | 1 | 1192.17 | 26.78 | 638.27 | 84.15 | 136.53 | 2980.49 | 40 |
|  | 2 | 1133.32 | 16.45 | 421.77 | 30.66 | 125.90 | 2471.87 | 50 |
|  | 3 | 532.12 | 17.81 | 450.51 | 100.92 | 208.28 | 4247.66 | 49 |
|  | 4 | 750.85 | 25.71 | 555.19 | 62.18 | 126.08 | 2635.48 | 20 |
|  | 5 | 838.52 | 20.10 | 429.25 | 3.61 | 133.82 | 2385.41 | 20 |
|  | 6 | 677.04 | 11.91 | 613.99 | 69.16 | 160.88 | 3263.45 | 100 |
|  | 7 | 535.57 | 20.37 | 409.58 | 41.89 | 145.10 | 2815.11 | 100 |
| 普通烟农 | 1 | 1224.47 | 34.40 | 717.93 | 114.68 | 175.61 | 3877.16 | 16 |
|  | 2 | 602.16 | 23.05 | 323.16 | 97.59 | 103.80 | 2580.55 | 10 |
|  | 3 | 579.87 | 30.39 | 373.60 | 57.43 | 96.41 | 1965.36 | 14 |

通过对表 3-31 中的合作社与家庭农场标准化处理，确定各指标的理想解，通过式（3-1）与式（3-2）得到各指标的权重及各 DMU 的评分，如表 3-32 所示。

表 3-32　　改进 TOPSIS 的评价结果

|  | 编号 | 物资服务费 | 用工数量 | 烟草公司成本 | 上等烟产量 | 总数量 | 总产值 | $d_i$ |
|---|---|---|---|---|---|---|---|---|
| 专业大户 | 1 | 0.446 | 0.445 | 0.506 | 0.734 | 0.655 | 0.702 | 0.0328 |
|  | 2 | 0.470 | 0.724 | 0.766 | 0.267 | 0.604 | 0.582 | 0.0326 |
|  | 3 | 1.000 | 0.669 | 0.717 | 0.880 | 1.000 | 1.000 | 0.0051 |
|  | 4 | 0.709 | 0.463 | 0.582 | 0.542 | 0.605 | 0.620 | 0.0278 |
|  | 5 | 0.635 | 0.593 | 0.753 | 0.032 | 0.643 | 0.562 | 0.0358 |
|  | 6 | 0.786 | 1.000 | 0.526 | 0.603 | 0.772 | 0.768 | 0.0152 |
|  | 7 | 0.994 | 0.585 | 0.789 | 0.365 | 0.697 | 0.663 | 0.0183 |

续表

|  | 编号 | 物资服务费 | 用工数量 | 烟草公司成本 | 上等烟产量 | 总数量 | 总产值 | $d_i$ |
|---|---|---|---|---|---|---|---|---|
| 普通烟农 | 1 | 0.435 | 0.346 | 0.450 | 1.000 | 0.843 | 0.913 | 0.0307 |
|  | 2 | 0.884 | 0.517 | 1.000 | 0.851 | 0.498 | 0.608 | 0.0188 |
|  | 3 | 0.918 | 0.392 | 0.865 | 0.501 | 0.463 | 0.463 | 0.0313 |
| 指标权重 |  | 0.184 | 0.142 | 0.184 | 0.128 | 0.180 | 0.183 |  |

由于合作社与家庭农场均只有一个 DMU 为综合效率相对最优，因此根据表 3-31，合作社最优种植规模为 465 亩，每亩投入物资服务费为 643.42 元，用工数量为 12.99 个，烟草公司投入为 512.19 元；家庭农场最优种植规模为 105 亩，每亩投入物资服务费为 1081.80 元，用工数量为 6.31 个，烟草公司投入为 577.56 元。根据表 3-32，综合效率为 1 的专业大户的第 3 个 DMU 的 $d_i$ 最小，普通烟农的第 2 个 DMU 的 $d_i$ 最小，根据其所对应表 3-31 数据，专业大户最优种植规模为 49 亩，每亩投入物资服务费为 532.12 元，用工数量为 17.81 个，烟草公司投入为 450.51 元。普通烟农最优种植规模为 10 亩，每亩投入物资服务费为 602.16 元，用工数量为 23.05 个，烟草公司投入为 323.16 元。

综合以上分析，贵州 A 地区要尽快提升烟草农业生产效率，具体应该做好以下几方面工作：

（1）根据不同的生产组织形式采取不同的补贴制度，并实行成本定额管理。为了避免公司与政府的过度投入或者投入不足的现象，应针对各地区的自然环境与社会环境，制定合适的政策激励生产合作组织制度，使资源配置更加合理。同时，为了避免烟农投入的盲目性，根据各地区的实际环境，从烟叶种植的目标出发，研究并制定每亩烟田的各种投入定额范围，供烟农参考。

（2）加强对家庭农场、专业大户、普通烟农的培训，各种技术经验与信息的交流活动、各种类型的专业技术或管理知识讲座。通过技术推广教育、职业技术教育，提高农民的种植技能，提高资源的配置效率。

（3）建立合理的土地流转制度，因地制宜规范各种生产组织形式的政策与制度。贵州特殊的山地环境，其种植规模不能参照平原地区所使用的标准，否则容易造成家庭农场、专业大户规模不经济。

# 第四章 基于供应链的绿色农产品质量管理研究

## 第一节 农产品种植规模及质量决策研究

### 一 引言

农业现代化、工业化和城镇化"三化"相随同行、相互促进,这是各国现代化进程已经证明了的客观规律(韩俊,2011)。农业现代化发展离不开农业产业化经营,龙头企业与农户通过契约为纽带而形成的农业产业化经营模式,企业为了使自己利润最大化,往往使得农民收益得不到保障,导致农民积极性不高,从而直接影响种植规模与质量。那么,作为龙头企业,如何通过设置农产品收购价格、种植规模、质量,在最大化自身利润的同时也能维护农民的利益呢?

目前有不少学者从质量管理与效益之间关系这一角度做了研究。Banker 等(1998)将目前的竞争环境分为了三种不同的类型,分析了每种类型下的质量与竞争强度的关系。Zhu 等(2007)从供应链的角度分析了参与者与质量的关系,得出的结论是,供应链成员之间的配合会有效改进产品的质量。鲁其辉和朱道立(2009)将质量和价格因素同时纳入到了供应链竞争环境中,研究了二者对供应链策略的影响,并提出了相关改进意见。也有不少学者对种植规模与效益之间的关系做了探讨。辛良杰等(2009)利用土地规模—土地生产率关系模型、影子工资率模型分析了土地规模与生产效率之间的关系,得出土地规模与土地生产率之间并非呈简单的线性关系,并提出大规模农户可适度增加物资费用和劳动力等相关措施。考虑到农民种植积极性会直接影响农作物的产量和质量（周立群和曹利群，2002），因此本书将质量因素、种植规模、委托者（龙头企业）利润和代理者（农民）利润等多方面因素加以考虑，从供应链视角研究龙头企业与农民在最优种植规模与最优质量的协调问题。

## 二 模型假设

龙头企业为了实现计划种植面积，根据价格和补贴的激励，农民对此的反应，达到目标规模。设单位面积产量的平均产量固定为1，$p$ 为单位面积平均收购价格，$l$ 为单位面积补贴，$A$ 为规模参数，$s_0$ 为计划种植面积，$c$ 为农民单位面积种植成本，$r$ 为农民种植其他农产品的平均收入，即种植农产品的机会成本。设 $v$ 为龙头企业通过加工农产品平均单位面积所得到的收入。

设 $t$ 表示农产品平均质量，$\mu$ 为农产品平均质量提高1个单位时工业公司单位面积所提高的收入，$w$ 为农产品平均质量提高1个单位时农民单位面积所提高的收入，$S$ 为农产品实际种植面积，$\gamma$ 为质量成本系数，$0 \leq p \leq 1$ 为质量提高成本分摊比例，$p_m$ 为工业公司通过农产品加工单位面积所获得的收益，且 $p_m > p$。为了使质量达到 $t$ 的支出为 $S\gamma t^2$，其中二次项表示当 $t$ 越大提高产品质量的支出越多。根据道格拉斯生产函数，种植规模函数为 $S = A p^\alpha l^\beta$，其中 $\alpha + \beta \leq 1$。

## 三 模型建立

（一）最优种植规模模型

为了达到种植计划面积，龙头企业的目标是实现实际种植面积与计划种植面积差距尽量小，在此情形下企业的目标函数为：$\pi_Y = (A p^\alpha l^\beta - S_0)^2$。若企业的目标是最大化自己的利润，此时其目标函数为：$\pi_Y = v A p^\alpha l^\beta$。农民的目标是保证其利润 $\pi_L = l + p - c - r \geq 0$。得到如下两个非线性规划问题：

规模差距最小模型：

$$\pi_Y = \min_{p,l} (A p^\alpha l^\beta - S_0)^2 \quad \text{s.t.} \quad l + p - c - r \geq 0 \quad (5-1)$$

利润最大化模型：

$$\pi_Y = \max_{p,l} vAp^\alpha l^\beta - Ap^\alpha l^\beta(1+p) \quad \text{s.t.} \quad l+p-c-r \geqslant 0 \quad (5-2)$$

对于式 (5-1), 取 $\alpha = \beta = 1/2$, 构造拉格朗日函数:

$$L_1(p, 1, \lambda) = -(Ap^{1/2}l^{1/2} - S_0)^1 + \lambda(l+p-c-r)$$

根据 K-T 条件, 得到 $p^* = \dfrac{c+r}{2} + \dfrac{\sqrt{A^2(c+r)^2 - 4S_0^2}}{2A}$, $l^* = \dfrac{c+r}{2} - \dfrac{\sqrt{A^2(c+r)^2 - 4S_0^2}}{2A}$, $S^* = S_0$ 或者 $p^* = l^* = \dfrac{c+r}{2}$, $S^* = \dfrac{A(c+r)}{2}$。

对于式 (5-2) 构造拉格朗日函数, $L_2(p, 1, \zeta) = Ap^\alpha l^\beta(v-l-q) + \zeta(1+p-c-r)$, 根据 K-T 条件, 得到:

$$p^* = \frac{(c+r)\alpha}{\alpha+\beta}, \quad l^* = \frac{(c+r)\beta}{\alpha+\beta},$$

$$S^* = A\left(\frac{(c+r)\alpha}{\alpha+\beta}\right)^\alpha \left(\frac{(c+r)\beta}{\alpha+\beta}\right)^\beta = A\left(\frac{(c+r)}{\alpha+\beta}\right)^{\alpha+\beta} \alpha^\alpha \beta^\beta \text{。}$$

当 $\alpha = \beta = 1/2$ 时, 同理有 $p^* = l^* = \dfrac{c+r}{2}$, $S^* = \dfrac{A(c+r)}{2}$。

(二) 最优质量模型

农产品的种植一方面达到计划面积的要求, 同时也要求保证质量。工业公司与农民均进行质量投入, 那么质量投入成本分配比例如何是什么?

由于工业公司在农产品种植与收购中占主导方, 对收购价格与质量成本分摊比例进行决策。而农民主要负责农产品实际种植, 决定农产品质量。因此, 博弈顺序为: ①工业公司制定相应的农产品质量成本分摊比例。②农民根据质量成本分摊比例决定农产品质量。由于该博弈为完全信息动态博弈, 其均衡是子博弈精炼纳什均衡, 因此可以采用逆向归纳法来求解博弈。因此, 对于工业公司给定的质量成本分摊比例 $\alpha$, 农民的问题是:

$$\max_{t>0} \pi_L = (l+(1+\omega t)p - c - r)S - (1-\rho)(S\gamma t^2) \quad (5-3)$$

可以看出, $\pi_L$ 是关于 $t$ 的凸函数, 根据一阶条件得到农民的反应函数为 $t(\rho) = \omega p/(2\gamma - 2\rho\gamma)$。由于工业公司预测到农民会根据此式对质量做出选择, 因此, 工业公司的问题是: $\max_{\rho>0} \pi_Y = (1+\mu t)p_m S -$

$(l+(1+\omega t)p-r)S-\rho(S\gamma t^2)$。

将 $t(\rho)$ 代入上式，根据一阶条件，得到 $\rho^*=\dfrac{2\mu p_m-\omega p}{2\mu p_m+\omega p}$，因 $\rho\geq 0$，故此处假设 $2\mu p_m\geq\omega p$，即提高单位质量时公司增加的收入须不小于农民增加收入的一半。此时 $t^*=\dfrac{2\mu p_m+\omega p}{4\gamma}$，工业公司的利润为：

$$\pi_Y^*=\frac{S(16(l-r)\gamma-4\mu^2 p_m^2+16\gamma p+3\omega^2 p^2+p_m(-16\gamma+4\mu\omega p))}{16\gamma}$$

农民的收入为：

$$\pi_L^*=\frac{S(-8(c-l+r)+2(4\gamma+\mu\omega p_m)p+\omega^2 p^2)}{8\gamma}$$

### 四 模型分析

**命题1**：最优种植规模模型中，无论是利润最大化还是与计划种植规模差距最小，公司给农民的收购价格及补贴之和等于农民的种植成本与机会成本之和。

证明：根据最优种植规模模型结果，得到 $p+l=c+r$。

命题1说明，为了鼓励农民种植农产品的同时保证公司的种植规模或者利润，农民所得到的收购价格与补贴能够弥补其种植成本与机会成本。

**命题2**：最优质量模型中，$\partial\rho/\partial\omega<0$，$\partial\rho/\partial\mu>0$。

证明：根据最优质量模型结果，有 $\dfrac{\partial\rho}{\partial\omega}=-\dfrac{4\mu p_m p}{(2\mu p_m+\omega p)^2}<0$，$\dfrac{\partial\rho}{\partial\mu}=\dfrac{4\omega p_m p}{(2\mu p_m+\omega p)^2}>0$。

命题2说明，单位质量提高给农民带来收益越大，公司所承担的质量成本比例越小。单位质量提高给公司带来的收益 $\mu$ 越大，公司所承担的质量成本比例越大。

**命题3**：最优质量模型中，$\partial\pi_Y/\partial\omega<0$，$\partial\pi_L/\partial\omega>0$，$\partial\pi_Y/\partial\mu>0$，$\partial\pi_L/\partial\mu>0$。

证明：根据最优质量模型结果，有 $\dfrac{\partial\pi_Y}{\partial\mu}=\dfrac{Sp_m(2\mu p_m-\omega p)}{4\gamma}>0$，$\dfrac{\partial\pi_L}{\partial\omega}=$

$$\frac{Sp_s\left(\mu p_m+\omega p\right)}{4\gamma}>0,\ \frac{\partial \pi_Y}{\partial \omega}=\frac{Sp\left(2\mu p_m+3\omega p\right)}{8\gamma}<0,\ \frac{\partial \pi_L}{\partial \mu}=\frac{S\omega p_m p}{4\gamma}>0_\circ$$

由命题 3 可以看出，农民的收益均随着 $\mu$、$\omega$ 的增加而增加，而公司的收益随着 $\mu$ 的增加而增加，随着 $\omega$ 的增加而减少。

命题 4：最优质量 $t$ 是 $\mu$、$w$ 的增函数，是质量成本系数 $\gamma$ 的减函数。

本节通过优化理论与博弈论建立了农业最优种植规模及最优质量模型，通过模型结果分析，农民所得到的收购价格与补贴应能够弥补其种植成本与机会成本，质量提高程度与收益及价格呈正相关，单位质量的提高给谁带来的收益大，则谁承担的质量成本比例大。若单位质量的提高给公司带来的收益不变的情况下，其给农民带来的收益越大，则公司的利润越小。根据结论，得到如下建议：

政府需制定合理的农产品收购价格和农业补贴机制，从而实现计划种植规模水平。为了维护农民的基本利益，提高农民和公司的利润，减小实际种植规模与计划种植规模之间的差距，制定农产品的收购价格和农民补贴时需要充分考虑估计农民的种植成本和机会成本。当农产品收购价格和农业补贴水平之和与农民种植成本和机会成本之和相当时，会达到计划种植规模水平。

引进先进的生产技术和机械化生产设备，提高单位面积农作物资量。由本书的结论可知，单位面积质量的提高，会增加农民和企业的收入水平。农民和企业收入的增加会提高自身劳动积极性，从而反作用于农作物的生产，使农作物资量不断提高。另外，制定合理的质量成本系数也会改进农作物的质量，在不考虑其他因素的前提下，质量成本系数越小时，农作物资量水平越高。

通过品牌推广的方式促进农产品的销售和质量的改进。品牌推广是促进质量不断提高的良好途径，单位面积产品质量的提高，会增加企业单位面积的收入。由本书理论推导可知，因质量引起的企业单位面积收入的增加，企业分担质量成本的比例就会增加，但是却不会影响企业的总利润，而且还会提高农民的总利润，达到事半功倍的效果。

## 第二节　农民专业合作组织激励机制研究

### 一　引言

农业产业化能从整体上有效地推进传统农业向现代化农业转变，是加速农业现代化发展的有效方式，农业产业化的基本类型有市场连接型、龙头企业带动型、农科教结合型、专业协会带动型。农民专业合作社是农业产业化基本类型下的一种具体方式，有着不同的组织形式，但这些组织形式都离不开两类主体，即经营者与合作社社员，合作社社员由农民担任。合作社与农民间建立良好的利益协调机制，一方面可以降低合作社的经营成本，另一方面可以激励农民，使其劳作积极性提高，得到农民的高度认可与配合可以增强合作社的凝聚力和竞争力，使合作社健康有序稳定地发展。因此，研究农民专业合作社的激励机制有着广泛的现实意义。

对农民专业合作社激励机制的研究，近年来国内外学者进行过探讨。Zusman（1992）根据合作社集体选择两阶段博弈模型分析认为，成员之间存在不完全信息、有限理性和生产不确定性等情况，在这些情况下会影响合作社的稳定。Cook（1995）认为，合作社成员之间存在的利益分歧必然产生相应的代理成本和合作社内部控制问题。曾明星和杨宗锦（2011）通过建立交易额返利率分配模型，认为交易额返利率的高低是合作社利益分配的核心，利益分配机制同时是激励机制的核心，是一种根本的驱动力。谭智心和孔祥智（2011）通过建立委托—代理模型分析影响合作社经营者努力程度的相关因素，认为合作组织代理人的努力行为与其自身经营农产品量占合作社经营农产品总量的比重、对互惠关注的敏感性程度、合作社盈余分配的比例等因素存在正相关关系。徐龙至和包忠明（2012）认为社员行为激励机制应包括显性激励机制和隐性激励机制，若从合作组织的发展周期进行分析，每一发展阶段应分别采取不同激励机制。苏楠等（2012）、汪志强和冷原（2012）通过实证分析合作社农户合作意愿，均指出利益分配与互惠程度的重要性。孙宏艳（2014）则从市场运行的角度分析了发展合作社对农户激励的重要性。赵启平（2014）通过构建合作组织与农户之间的委托—代理模型分析合作组织与农户间的互惠效应对产量的影响。

根据《中华人民共和国农民专业合作社法》规定，合作社总收入的分配比例按照该成员与本社的交易量（额）比例确定，上述文献研究激励机制问题时只考虑了这一种情况，即只考虑了农民获得收益的途径是通过按交易量或者交易额的比例对总收入进行分配这一种方式。然而，在实际中，合作社农民获得的收益还包括固定工资、补贴等，结合这个实际，本节试图构建更符合我国农民专业合作社运行实践的理论模型来分析其内部激励机制问题。

**二 模型假设**

（1）设 $\alpha$ 为农民固定收入，包括合作社发放给农民的固定工资、补贴和红利等，固定工资用 $w$ 表示。$\pi$ 为农民的总产出，$\pi = a + \theta$，其中 $a$ 为农民的努力程度，会对总产出有影响；$\theta$ 为外生的不确定性因素，是均值等于零、方差等于 $\sigma^2$ 服从正态分布的随机变量。故有 $E(\pi) = a$，$\mathrm{var}(\pi) = \sigma^2$，即农民的努力水平决定总产出的均值，但不影响总产出的方差。

（2）设农业专业合作社是风险中性者，农民是风险规避者，农民的努力成本 $C(a) = ba^2/2$，$b$ 代表成本系数，$b > 0$。当农民付出的努力程度相同时（即 $a$ 不变），$b$ 越大，农民的努力成本 $c$ 越大，此时带来的负效用也越大。

（3）设 $\beta$ 为对总收入的分配比例，由合作社分配给农民的交易产量占总交易产量的值决定，其中 $0 \leq \beta \leq 1$。$\gamma$ 为互惠系数，是因为合作社与农民之间存在着明显的互惠行为，其中 $0 \leq \gamma \leq 1$。

（4）设 $\rho$ 是绝对风险规避度量系数，根据上述假设，得到农民所承担的风险成本为 $\rho(1+\gamma)^2 \beta^2 \sigma^2/2$。

根据上述假设，得到合作社的期望效用，即期望利润为：$(1-\beta)(1+\gamma)a - \alpha$。农民的确定性等价利润为：$\alpha + \beta(1+\gamma)a - b(1-\gamma)a^2/2 - \rho(1+\gamma)^2 \beta^2 \sigma^2/2$。

### 三 模型建立

**(一) 信息对称时的最优激励机制**

当信息对称时,合作社可观测到农民的努力程度 $a$,$a$ 可以通过合作社与农民订立强制性的合同督促农民实现。因此,合作社需要考虑的是对农民的固定工资水平 $\alpha$,对总收入分配比例 $\beta$ 以及农民的努力程度 $a$ 三者的确定问题。通过选择 $(\alpha, \beta, a)$,使合作社利润达到最大。得到下列最优化问题:

$$\max_{a,\beta,\alpha}(1-\beta)(1+\gamma)a - \alpha \qquad (5-4)$$

$$s.t. \ (IR) \ \alpha + \beta(1+\gamma)a - b(1-\gamma)a^2/2 - \rho(1+\gamma)^2\beta^2\sigma^2/2 \geqslant w$$

在最优情况下,式 (5-4) 中参与约束的等式成立,得到的最优解为: $\beta^* = 0$, $a^* = \dfrac{1+\gamma}{b-b\gamma}$, $\alpha^* = \dfrac{1+2bw+2\gamma-2bw\gamma+\gamma^2}{2b-2b\gamma} = w + \dfrac{1}{2}b\left(\dfrac{1+\gamma}{b-b\gamma}\right)^2$,农民所承担的风险成本 $\rho(1+\gamma)^2\beta^2\sigma^2/2 = 0$。

从计算结果可以看出,在合作社与农民信息对称的情况下,帕累托最优时 $\beta^* = 0$,即合作社不会把卖农产品后的总收入分配给农民,农民此时的收入即为他的固定收入,固定收入的值恰为农民的固定工资与劳动成本之和。帕累托最优时,农民不承担任何风险。

**(二) 信息不对称时的最优合同**

信息不对称,合作社观测不到农民的努力水平 $a$。对于给定的总收入分配比例 $\beta$,农民将选择 $a$ 使得自己利润最大化。农民的利润函数为:

$$\pi(a) = \alpha + \beta(1+\gamma)a - b(1-\gamma)a^2/2 - \rho(1+\gamma)^2\beta^2\sigma^2/2 \qquad (5-5)$$

式 (5-5) 两边同时关于 $a$ 的二阶导数得到 $\partial^2\pi(a)/a^2 = -b(1-\gamma) < 0$,因此存在 $a$ 值可使农民利润达到最大。根据一阶条件得到 $a = \beta(1+\gamma)/(b(1-\gamma))$。当时 $\beta = 0$,$a = 0$,因而在信息不对称的情况下,不能实现帕累托最优。

根据上述分析,对于给定的 $(\alpha, \beta)$,农民的激励相容约束即为 $a = \beta(1+\gamma)/(b(1-\gamma))$,合作社的问题是选择 $(\alpha, \beta)$ 使得自己利润最大化,此时最优化问题为:

$$\max_{a,\beta,\alpha}(1-\beta)(1+\gamma)a-\alpha$$
$$s.t. (IR)\alpha+\beta(1+\gamma)a-b(1-\gamma)a^2/2-\rho(1+\gamma)^2\beta^2\sigma^2/2\geq w$$
$$(IC) a=\beta(1+\gamma)/(b(1-\gamma)) \qquad (5-6)$$

通过最优化一阶条件，得到次优解 $\alpha^{SB}=w+\dfrac{(1+\gamma)^2(1+b(-1+\gamma)\rho\sigma^2)}{2b(-1+\gamma)(-1+b(-1+\gamma)\rho\sigma^2)^2}$，$\beta^{SB}=\dfrac{1}{1+b(1-\gamma)\rho\sigma^2}$，$a^{SB}=\dfrac{1+\gamma}{b(1-\gamma)(1+b(1-\gamma)\rho\sigma^2)}$，农民的风险成本为 $\dfrac{(1+\gamma)^2\rho\sigma^2}{2(1+b(1-\gamma)\rho\sigma^2)^2}$。

根据上述结果，农民总产出 $\pi=a+\theta$，$a$ 决定农民总产出，由于信息的不对称，因此产量损失可由努力损失表示，即：

$$\Delta a=a^*-a^{SB}=\dfrac{1+\gamma}{b-by}-\dfrac{1+y}{b(-1+y)(-1+b(-1+r)\rho\sigma^2)}$$
$$=\dfrac{(1+\gamma)\rho\sigma^2}{1+b(1-\gamma)\rho\sigma^2}$$

努力成本节约为：

$$\Delta C=C(a^*)-C(a^{SB})=\dfrac{(1+y)^2\rho\sigma^2(2+b(1-\gamma)\rho\sigma^2)}{2(1-\gamma)(1+b(1-\gamma)\rho\sigma^2)^2}$$

激励成本是指较低努力水平导致的期望产出的净损失与努力成本节约之差，从而得到激励成本为：

$$\Delta a-\Delta C=\dfrac{(1+\gamma)\rho\sigma^2}{1+b(1-\gamma)\rho\sigma^2}-\dfrac{(1+\gamma)^2\rho\sigma^2(2+b(1-\gamma)\rho\sigma^2)}{2(1-\gamma)(-1+b(-1+\gamma)\rho\sigma^2)^2}$$
$$=\dfrac{(1+\gamma)\rho\sigma^2(b\rho\sigma^2+3b\gamma^2\rho\sigma^2-4\gamma(1+b\rho\sigma^2))}{2(1-\gamma)(1+b(1-\gamma)\rho\sigma^2)^2}$$

总代理成本为风险成本与激励成本之和，总代理成本为：

$$\dfrac{1}{2}\rho(1+\gamma)^2\beta^2\sigma^2+\dfrac{(1+\gamma)\rho\sigma^2(b\rho\sigma^2+3b y^2\rho\sigma^2-4\gamma(1+b\rho\sigma^2))}{2(1-\gamma)(-1+b(-1+\gamma)\rho\sigma^2)^2}$$
$$=\dfrac{(1+\gamma)\rho\sigma^2(1+b\rho\sigma^2-4\gamma(1+b\rho\sigma^2)+\gamma^2(-1+3b\rho\sigma^2))}{2(1-\gamma)(1+b(1-\gamma)\rho\sigma^2)^2}$$

### 四 模型分析

**命题5**：信息对称时，最优分摊比例为 $\beta^*=0$；信息不对称时，次优分摊比例为 $\beta^{SB}=(1+b(1-\gamma)\rho\sigma^2)^{-1}$，且 $\beta^{SB}$ 是 $\gamma$ 的增函数，是 $b$、$\rho$ 的减函数。

由命题 5 可以看出在信息对称时,合作社不会将总收入分配给农民,农民的收入为固定收入;在信息不对称时,为了激励农民努力,合作社需分配一个严格正的利益比例给农民。同时信息不对称时,互惠程度越高,农民所分摊的比例越大;农民成本系数越小,农民所分摊的比例越小;农民风险规避度越大,利益分配比例越小。

命题 6:信息对称时,农民最优努力程度为 $a^* = \dfrac{1+\gamma}{b-b\gamma}$,$a^*$ 为 $b$ 的减函数,$\gamma$ 的增函数;信息不对称时,农民次优努力程度为 $a^{SB} = \dfrac{1+\gamma}{b(1-\gamma)(1+b(1-\gamma)\rho\sigma^2)} = \dfrac{1+\gamma}{b(1-\gamma)} \times \beta^{SB}$。

命题 6 说明在信息对称时,农民努力程度不受分摊比例的影响,为了激励农民努力,应该降低农民付出努力的成本系数,提高合作社与农民之间的互惠系数。在信息不对称时,农民的努力程度受分摊比例的影响,为了激励农民努力,不仅需要降低农民付出努力的成本系数,提高合作社与农民之间的互惠系数,而且还需增大利益的分摊比例,考虑 $b$、$\gamma$、$\beta^{SB}$ 这三个因素。由命题 1 可知分摊比例 $\beta^{SB}$ 受 $b$、$\gamma$、$\rho$ 的影响,所以在信息不对称时只需考虑 $b$、$\gamma$、$\rho$ 三个因素即可,降低农民付出努力的成本系数 $b$,提高合作社与农民之间的互惠系数 $\gamma$,降低风险规避度 $\rho$ 可以在信息不对称的情况下提高农民的努力程度。

命题 7:$a^* > a^{SB}$,$C(a^*) > C(a^{SB})$,且 $a^*$、$a^{SB}$、$\Delta a$、$\Delta C$ 是 $\gamma$ 的增函数,是 $b$ 的减函数。

命题 7 说明最优努力水平严格大于次优努力水平,从而最优努力的成本严格大于次优努力的成本;由于信息的不对称所造成的产出损失与努力成本的节约随着互惠系数的增加而增加,随着努力成本系数的增加而降低,可知无论信息对称与否,努力水平均随着互惠系数的增加而增加,随着努力成本系数的增加而降低。

命题 8:在信息对称时,农民的风险成本为 0;信息不对称时,农民的风险成本为 $\dfrac{(1+\gamma)\rho\sigma^2}{2(1+b(1-\gamma)\rho\sigma^2)^2}$。

命题 8 说明单从风险角度考虑,风险规避的农民更偏好于信息对称的情形,因为在此时农民不需要担心风险问题,风险发生时农民承担的风险成本为 0。在信息不对称时，会增大农民的风险成本。

从以上模型结果可以看出，在信息对称时，既可以提高农民的努力水平，又可以降低农民对风险成本的承担比例。信息不对称时，农民的努力程度下降，农民的风险成本增加，代理成本增加。合作社给农民的利益分配比例与他们之间的互惠程度、劳动力成本及农民的风险规避程度相关。

因此，为了保障合作社的健康发展，促进农民的合作积极性，在本节的研究结论基础之上提出如下相关建议。

首先，建立账务透明机制减少信息的不对称，建立风险保障制度来降低农民的风险成本。合作社与农民合作前可以签订相关的合同，合作社可以通过合同中的条款来监督农民的努力程度，从而保证农民的生产水平。农作物的生长极容易受到环境、气候等不确定因素的影响，在合同中制定相关的风险保障措施，保障农民在农作物受灾时能获得收益，从而提高农民劳作的积极性。

其次，完善内部协调机制，建立良好的利益分配机制及奖励制度。在现实生活中，合作社与农民之间或多或少都会出现信息不对称的情况，此时农民的努力程度将会受合作社利益分配机制的严重影响。完善一套适合当地合作社与农民之间的协调与奖励制度，不仅能促进农民劳动的积极性，而且还会提高合作社与农民的利润水平，达到双方共赢。

最后，通过完善生产管理机制、生产技术引进等措施来帮助农民。合作社可以通过购买先进的技术设备来帮助农民生产，机械化程度的提高会降低农民的努力成本系数，提高农民的劳动生产率；引进相关领域的专家来指导农民生产，有效提高生产技术水平和农作物的生产率。生产机械化、规模化、效率化水平的提高，会提高合作社与农民之间的互惠系数，增加双方的利润，保障农民的基本利益，改善农民生活水平，促进合作社健康有序稳定地发展。

## 第三节　农产品供应链协调：价格与绿色水平

### 一　引言

随着全球经济的快速发展，消费者对生活水平和生活环境的需求也在很大程度上提高。消费者需求的变化促使经济发展模式发生转变，在供应链管理模型中，基于资源消耗和环境影响形成了一种绿色供应链模式。随着绿色、有机、无污染的发展，农产品供应链成为食品质量和安全管理的重要平台。同时，"绿色"或"环保理念"进入整个供应链过程中，也带动了农产品供应链从传统供应链到绿色供应链的研究。产业发展与环境保护之间的矛盾按照传统的供应链管理方法是难以克服的。理论研究和实践经验表明，农业经济与生态环境的协调发展和相互作用的共生机制不仅是可能的，而且是农业可持续发展的新途径。因此，研究农产品绿色供应链是农业经济发展的现实需要。在这样的背景下，农产品供应链的成员如何有效地合作，以提高整个绿色供应链的性能，从而为社会提供更多更好的绿色产品，成为供应链成员面临的真正问题。因此，分析绿色供应链中的制造商和供应商的博弈行为以及协调契约的设计具有重要的现实意义。

在近几年不少学者对绿色供应链开展了广泛的研究。有些学者从实证的角度进行了分析（Walton et al., 1998; Sarkis, 2003; Darnall et al., 2008）。在理论分析中，Ghosh 和 Shah（2012，2014）针对在需求由价格和绿色水平决定的情形下，运用两部制契约模型研究了包含一个制造商与一个零售商的供应链协调机制问题。Barari、Agarwal 和 Zhang（2012）从环境管理的视角运用演化博弈研究了多制造商与多零售商的均衡问题。Jiang 和 Li（2015）运用斯坦伯格博弈与纳什均衡理论研究了绿色供应链中的收益共享契约协调问题。Cheng 和 Li（2015）则运用博弈模型讨论了在一致定价策略下，供应链在分散决策与集中决策时的定价与绿色程度决策。Debabrata 和 Janat（2015）探讨了绿色供应链的绿色倡议中关键决策的成本分担合同等问题。

Ashkan（2015）建立了政府在财政干预影响下的绿色供应链价格竞争模型，分析了供应链中各成员的最优策略以及税收对供应链的影响。Huang 等（2015）针对包含多供应商、一个制造商和多零售商组成的绿色供应链，运用博弈论，研究了产品线设计、供应商选择、运输方式选择和定价策略对利润和温室气体排放的影响。Yang 等（2015）建立了产品族和供应链博弈数学模型，采用了双层次、嵌套遗传算法对模型进行了求解与仿真。

从上述文献可以看出，关于绿色供应链的研究取得丰硕的成果，但很少有学者针对农产品供应链的协调问题进行全面的分析。在上述文献的基础上，本书运用博弈论研究农产品供应链的协调问题，以期为农产品供应链管理提供参考。

**二 模型描述**

在本书中绿色农产品供应链包含一个进行农产品加工的制造商和一个农产品供应商（农民）。制造商以价格 $w$ 每单位从农民购买农产品，通过加工，制造商以价格 $p$ 每单位将产品销售至市场。为了生产高质量的农产品，制造商质量努力水平为 $\theta$，农民则提高农产品的绿色程度 $g$。

根据文献 Dixit 等（1979），假设需求信息在供应链中对所有成员是共同知识，且市场需求是关于制造商的努力水平、农产品绿色水平和价格的线性函数：

$$d(p, g, \theta) = \phi - \beta p + \lambda g + \gamma \theta \tag{5-7}$$

其中 $\phi$ 为市场需求基数，$\beta$、$\lambda$ 和 $\gamma$ 分别表示市场需求关于绿色供应链的价格、绿色水平和质量努力程度的反应。制造商产品质量努力成本为 $w\theta^2/2$，其中 $\omega$ 是质量努力成本固定参数。

根据 Banker、Khosla 等（1998），农产品绿色供应链中农民的成本函数为：

$$c(g, x) = (v + \epsilon g)d + \xi g^2/2 \tag{5-8}$$

因此，农民绿色水平对其成本的影响由两方面来决定。首先，提高绿色水平增加了固定生产成本 $\xi g^2/2$，它是关于绿色水平的单调递增的凸函数，$\xi$ 为固定成本参数。其次，绿色水平对每单位产品的成本也有影响，其中 $v$ 表示与绿色无关的单位产品的生产成本。对于给定的农民所决定的绿色水平 $g$，单位可变成本增加 $\epsilon g$，其中 $\epsilon > 0$。在此假设 $\lambda/\beta < \epsilon$。

假设 $\pi^F$、$\pi^E$ 和 $\pi^T$ 分别表示农民、制造商和绿色供应链的利润。文中下标 C、W 和 R 分别代表集中决策、批发契约和效益共享模型，上标 $*$ 表示最优解。

### 三 不同契约下的绿色供应链均衡

#### （一）集中决策模型

集中决策模型是将企业与农民作为一个整体，其目标是最大化整体的利润。根据式（5-7）和式（5-8），得到绿色供应链的利润函数为：

$$\pi_C^T(\theta, p, g) = (p - v - \epsilon g)(\phi - \beta p + \lambda g + \gamma\theta) - \omega\theta^2/2 - \xi g^2/2 \quad (5-9)$$

根据其一阶条件，得到其均衡条件为：

$$\frac{\partial \pi_C^T}{\partial \theta} = p\gamma - v\gamma - g\gamma c - \theta w = 0 \quad (5-10)$$

$$\frac{\partial \pi_C^T}{\partial p} = -2p\beta + v\beta + g\beta c + \gamma\theta + g\lambda + \phi = 0 \quad (5-11)$$

$$\frac{\partial \pi_C^T}{\partial g} = -\gamma\epsilon\theta - v\lambda - 2g\epsilon\lambda + p(\beta\epsilon + \lambda) - g\xi - \epsilon\phi = 0 \quad (5-12)$$

由于 $\partial^2 \pi_C^T/\partial\theta = -w < 0$，$\partial^2 \pi_C^T/\partial p^2 = -2\beta < 0$，$\partial^2 \pi_C^T \partial g^2 = -2\epsilon\lambda - \xi < 0$，注意到对于所有的 $\theta$、$p$ 和 $g$ 值，若 $-2\beta\omega + \gamma^2\xi + (\beta\epsilon - \lambda)w < 0$，$\pi_C^T$ 关于 $\theta$、$p$ 和 $g$ 的海赛矩阵为负值。

通过求解式（5-10）至式（5-12），得到绿色供应链的均衡价格、农民的最优绿色水平和制造商的最优努力水平：

$$\theta_C^* = \frac{\gamma\xi(v\beta - \phi)}{\gamma^2\xi + (\beta^2\epsilon^2 + \lambda^2 - 2\beta(\epsilon\lambda + \xi))\omega} \quad (5-13)$$

$$p_C^* = \frac{(\beta\epsilon^2 - \epsilon\lambda - \xi)\phi\omega + v(\gamma^2\xi + (\lambda^2 - \beta(\epsilon\lambda + \xi))\omega)}{\gamma^2\xi + (\beta^2\epsilon^2 + \lambda^2 - 2\beta(\epsilon\lambda + \xi))\omega} \quad (5-14)$$

$$g_C^* = \frac{(\beta\epsilon - \lambda)(v\beta - \phi)\omega}{\gamma^2\xi + (\beta^2\epsilon^2 + \lambda^2 - 2\beta(\epsilon\lambda + \xi))\omega} \quad (5-15)$$

将式（5-13）至式（5-15）代入到式（5-9）得到：

$$\pi_C^{T*} = \frac{\xi(\phi - v\beta)^2 \omega}{2(-\gamma^2\xi - (\beta^2\epsilon^2 + \lambda^2 - 2\beta(\epsilon\lambda + \xi))\omega)} \quad (5-16)$$

$$d_C^{T*} = \frac{\beta\xi(v\beta - \phi)\omega}{\gamma^2\xi + (\beta^2\epsilon^2 + \lambda^2 - 2\beta(\epsilon\lambda + \xi))\omega} \quad (5-17)$$

（二）批发价契约模型

在批发价契约模型中，农民制定批发价格 $w$，制造商以价格 $w$ 每单位农产品从农民手中采购，通过加工，以市场价格 $p$ 销售至市场。此时，绿色供应链成员利润函数分别为：

$$\pi_W^E(p, \theta) = (p - w)(\phi - \beta p + \lambda g + \gamma\theta) - \omega\theta^2/2 \quad (5-18)$$

$$\pi_W^F(w, g) = (w - v - \epsilon g)(\phi - \beta p + \lambda g + \gamma\theta) - \xi g^2/2 \quad (5-19)$$

由于制造商是从农民手中采购农产品，因此农民在选择其策略 $(w, g)$ 时要考虑制造商的反应。对于农民给定的 $(w, g)$，制造商的最优反应函数由式（5-18）的一阶导数得出：

$$\frac{\partial \pi_W^E}{\partial \theta} = p\gamma - w\gamma - \theta\omega = 0 \quad (5-20)$$

$$\frac{\partial \pi_W^E}{\partial p} = -2\beta + w\beta + \gamma\theta + g\lambda + \phi = 0 \quad (5-21)$$

由于 $\partial^2 \pi_W^E/\partial \theta^2 = -\omega < 0$，$\partial^2 \pi_W^E/\partial p^2 = -2\beta < 0$，注意到对于所有的 $\theta$ 值和 $p$ 值，若 $-\gamma^2 + 2\beta\omega > 0$，$\pi_W^F$ 关于 $\theta$ 和 $p$ 的海赛矩阵为负值。通过求解式（5-20）至式（5-21）得到：

$$\theta_w^* = \frac{\gamma(-w\beta + g\lambda + \phi)}{-\gamma^2 + \beta\omega} \quad (5-22)$$

$$p_w^* = \frac{-w\gamma^2 + w\beta\omega + g\lambda\omega + \phi\omega}{-\gamma^2 + 2\beta\omega} \quad (5-23)$$

将式（5-22）、式（5-23）代入式（5-25）中，根据式（5-19）关于 $w$ 和 $g$ 的一阶条件得到：

$$\frac{\partial \pi_W^F}{\partial w} = \frac{\beta(v\lambda - w(\beta\epsilon + \lambda) + \epsilon\phi)\omega + g(-\gamma^2\xi + 2\beta(\epsilon\lambda + \xi)\omega)}{\gamma^2 - 2\beta\omega} = 0$$

$$(5-24)$$

$$\frac{\partial \pi_W^F}{\partial g} = \frac{\beta(v\beta - 2w\beta + g\beta\epsilon + g\lambda + \phi)\omega}{-\gamma^2 + 2\beta\omega} = 0 \quad (5-25)$$

通过求解式（5-24）和式（5-25）得到农民最优批发价和最优绿色水平：

$$g_w^* = \frac{(\beta\epsilon - \lambda)(\upsilon\beta - \phi)\omega}{2\gamma^2\xi + (\beta^2\epsilon^2 + \lambda^2 - 2\beta(\epsilon\lambda + 2\xi))\omega} \quad (5-26)$$

$$w_w^* = \frac{\phi(\gamma^2\xi + \beta(\beta\epsilon^2 - \epsilon\lambda - 2c\xi)\omega) + \upsilon\beta(\gamma^2\xi + (-\beta\epsilon\lambda + \lambda^2 - 2\beta\xi)\omega)}{\beta(2\gamma^2\xi + (\beta^2\epsilon^2 + \lambda^2 - 2\beta(\epsilon\lambda + 2\xi))\omega)} \quad (5-27)$$

将式（5-26）和式（5-27）代入式（5-22）和式（5-23）中得到制造商的最优质量努力水平和产品零售价：

$$\theta_W^* = \frac{\gamma\xi(\upsilon\beta - \phi)}{2\gamma^2\xi + (\beta^2\epsilon^2 + \lambda^2 - 2\beta(\epsilon\lambda + \xi))\omega} \quad (5-28)$$

$$p_W^* = \frac{\phi(\gamma^2\xi + \beta(\beta\epsilon^2 - \epsilon\lambda - 3\xi)\omega) + \upsilon\beta(\gamma^2\xi + (\lambda^2 - \beta(\epsilon\lambda + \xi))\omega)}{\beta(2\gamma^2\xi + (\beta^2\epsilon^2 + \lambda^2 - 2\beta(\epsilon\lambda + 2\xi))\omega)} \quad (5-29)$$

从而得到市场需求量、制造商的利润、零售商的利润及供应链的总利润：

$$d_W^* = \frac{\beta\xi(\upsilon\beta - \phi)\omega}{2\lambda^2\xi + (\beta^2\epsilon^2 + \lambda^2 - 2\beta(\epsilon\lambda + 2\xi))\omega} \quad (5-30)$$

$$\pi_W^{E*} = \frac{\xi^2(\phi - \upsilon\beta)^2\omega(-\lambda^2 + 2\beta\omega)}{2(2\lambda^2\xi + (\beta^2\epsilon^2 + \lambda^2 - 2\beta(\epsilon\lambda + 2\xi))\omega)^2} \quad (5-31)$$

$$\pi_W^{F*} = \frac{\xi(\phi - \upsilon\beta)^2\omega}{2(2\gamma^2\xi + (\beta^2\epsilon^2 + \lambda^2 - 2\beta(\epsilon\lambda + 2\xi))\omega)} \quad (5-32)$$

$$\pi_W^{T*} = \frac{\xi(\phi - \upsilon\beta)^2\omega(3\gamma^2\xi + (\beta^2\epsilon^2 + \lambda^2 - 2\beta(\epsilon\lambda + 3\xi))\omega)}{2(2\lambda^2\xi + (\beta^2\epsilon^2 + \lambda^2 - 2\beta(\epsilon\lambda + 2\xi))\omega)^2} \quad (5-33)$$

（三）收益共享契约模型

收益共享契约是指农民以低于成本的价格将农产品卖给制造商，为了补偿农民的损失，制造商通过与农民协商将其利润的一定比例 $\rho$（$0 < \rho < 1$）返利给农民，从而实现绿色供应链最优绩效。绿色供应链各成员利润函数如式（5-34）和式（5-35）所示：

$$\pi_R^E(p, \theta) = (1 - \rho)((p - v - \epsilon g)(\phi - \beta p + \lambda g + \gamma\theta)) - \omega\theta^2/2 \quad (5-34)$$

$$\pi_R^F(\rho, g) = \rho((p - v - \epsilon g)(\phi - \beta p + \lambda g + \gamma\theta)) - \xi g^2/2 \quad (5-35)$$

采用逆向求解法，对于农民给定的 $(w, g)$，制造商的最优反应函数由式（5-34）的一阶条件得到：

$$\frac{\partial \pi_R^E}{\partial \theta} = -\gamma(p - v - g\epsilon)(-1 + \rho) - \theta\omega = 0 \tag{5-36}$$

$$\frac{\partial \pi_R^E}{\partial p} = (-1 + \rho)(2p\beta - v\beta - g\beta\epsilon - \gamma\theta - g\lambda - \phi) = 0 \tag{5-37}$$

由于 $\partial^2 \pi_R^E / \partial \theta^2 = -\omega < 0$，$\partial^2 \pi_W^E / \partial p^2 = 2\beta(-1 + \rho) < 0$，当 $(-1 + \rho)(\gamma^2(-1 + \rho) + 2\beta\omega) > 0$ 时，$\pi_W^F$ 关于 $\theta$ 和 $p$ 的海赛矩阵为负值。求解式（5-36）和式（5-37）得到：

$$\theta_R^* = \frac{\gamma(-1 + \rho)(v\beta + g\beta\epsilon - g\lambda - \phi)}{\lambda^2(-1 + \rho) + 2\beta\omega} \tag{5-38}$$

$$p_R^* = \frac{\phi\omega + v(\gamma^2(-1 + \rho) + \beta\omega) + g(\gamma^2\epsilon(-1 + \rho) + (\beta\epsilon + \lambda)\omega)}{\gamma^2(-1 + \rho) + 2\beta\omega} \tag{5-39}$$

将式（5-36）和式（5-39）代入式（5-35），根据其关于 $w$ 和 $g$ 的一阶条件得到：

$$\frac{\partial \pi_R^F}{\partial g} = \frac{2\beta(\beta\epsilon - \lambda)\rho(v\beta - \phi)\omega^2 - g(\gamma^4\xi(-1 + \rho)^2 + 4\beta\gamma^2\xi(-1 + \rho)\omega - 2\beta(\beta^2\epsilon^2\rho + \lambda^2\rho - 2\beta(\xi + \epsilon\lambda\rho))\omega^2)}{(\gamma^2(-1 + \rho) + 2\beta\omega)^2} \tag{5-40}$$

$$\frac{\partial \pi_R^F}{\partial p} = \frac{\beta(-v\beta + g(-\beta\epsilon + \lambda) + \phi)^2 \omega^2(-\gamma^2(1 + \rho) + 2\beta\omega)}{(\gamma^2(-1 + \rho) + 2\beta\omega)^3} \tag{5-41}$$

通过求解式（5-40）和式（5-41）得到最优绿色水平与最优共享比例：

$$\rho_R^* = -1 + \frac{2\beta\omega}{\gamma^2} \tag{5-42}$$

由于 $0 < \rho < 1$，因此条件 $\beta\omega < \gamma^2 < 2\beta\omega$ 须成立。

$$g_R^* = \frac{\beta(\beta\epsilon - \lambda)(v\beta - \phi)\omega^2}{2\gamma^4\xi - 4\beta\gamma^2\xi\omega + \beta(-\beta\epsilon + \lambda)^2\omega^2} \tag{5-43}$$

将式（5-42）和式（5-43）代入到式（5-40）和式（5-41）得到制造商的质量努力水平零售价格为：

$$\theta_R^* = \frac{2\lambda\xi(v\beta-\phi)(\lambda^2-\beta\omega)}{2\gamma^4\xi-4\beta\gamma^2\xi\omega+\beta(-\beta\epsilon+\lambda)^2\omega^2} \qquad (5-44)$$

$$p_R^* = \frac{\phi\omega(-\gamma^2\xi+\beta\epsilon(\beta\epsilon-\lambda)\omega)+v(2\gamma^4\xi-3\beta\gamma^2\xi\omega+\beta\lambda(-\beta\epsilon+\lambda)\omega^2)}{2\gamma^4\xi-4\beta\gamma^2\xi\omega+\beta(-\beta\epsilon+\lambda)^2\omega^2} \qquad (5-45)$$

根据上述计算,从而得到:

$$d_W^* = \frac{\beta\gamma^2\xi(v\beta-\phi)\omega}{2\gamma^4\xi-4\beta\gamma^2\xi\omega+\beta(-\beta\epsilon+\lambda)^2\omega^2} \qquad (5-46)$$

$$\pi_W^{E*} = \frac{2\gamma^2\xi^2(-v\beta+\phi)^2\omega(\lambda^2-2\beta\omega)(\lambda^2-\beta\omega)}{(2\gamma^4\xi-4\beta\gamma^2\xi\omega+\beta(-\beta\epsilon+\lambda)^2\omega^2)^2} \qquad (5-47)$$

$$\pi_W^{F*} = \frac{\beta\xi(-v\beta+\phi)^2\omega^2}{2(2\gamma^4\xi-4\beta\gamma^2\xi\epsilon+\beta(-\beta\epsilon+\lambda)^2\omega^2)} \qquad (5-48)$$

$$\pi_W^{T*} = \frac{\xi(-v\beta+\phi)^2\omega(4\gamma^6\xi-10\beta\gamma^4\xi\omega+4\beta^2\gamma^2\xi\omega^2+\beta^2(-\beta\epsilon+\lambda)^2\omega^3)}{2(2\gamma^4\xi-4\beta\gamma^2\xi\omega+\beta(-\beta\epsilon+\lambda)^2\omega^2)^2} \qquad (5-49)$$

## 四 结果讨论

### (一) 绿色水平

**命题 9**: 当 $\gamma < \sqrt{\beta\omega}$ 时, $g_T^* > g_W^* > g_R^*$; 当 $\gamma > \sqrt{\beta\omega}$ 时, $g_T^* > g_R^* > g_W^*$。

证明: 由于

$$g_T^* - g_W^* = \frac{(\beta\epsilon-\lambda)\xi(v\beta-\phi)\omega(-\gamma^2+2\beta\omega)}{(\gamma^2\xi+(\beta^2\epsilon^2+\lambda^2-2\beta(\epsilon\lambda+\xi))\omega)(2\gamma^2\xi+(\beta^2\epsilon^2+\lambda^2-2\beta(\epsilon\lambda+2\xi))\omega)} > 0;$$

$$g_T^* - g^* = \frac{(\beta\epsilon-\lambda)\xi(v\beta-\phi)\omega(2\gamma^2-\beta\omega)(-\gamma^2+2\beta\omega)}{(\gamma^2\xi+(\beta^2\epsilon^2+\lambda^2-2\beta(\epsilon\lambda+\xi))\omega)(2\gamma^4\xi-4\beta\epsilon^2\xi\omega+\beta(-\beta\epsilon+\lambda)^2\omega^2)} > 0。$$

因此有 $g_T^* > g_W^*$, $g_T^* > g_R^*$。

因为 $g_W^* - g_R^* = \dfrac{2(\beta\epsilon-\lambda)\xi(\phi-v\beta)\omega(-\gamma^2+\beta\omega)(-\gamma^2+2\beta\omega)}{(2\gamma^2\xi+(\beta^2\epsilon^2+\lambda^2-2\beta(\epsilon\lambda+2\xi))\omega)(2\lambda^4\xi-4\beta\gamma^2\xi\omega+\beta(-\beta\epsilon+\lambda)^2\omega^2)}$,根据模型假设,有 $\beta\epsilon-\lambda<0$, $-\gamma^2+\beta\omega>0$, $v\beta-\phi<0$。因此当 $-\gamma^2+\beta\omega>0$ 时 $g_W^* > g_R^*$,当 $-\gamma^2+\beta\omega<0$ 时 $g_W^* < g_R^*$。

命题9表明在集中决策模型中农产品绿色水平最高。而在分散决策模型中,绿色水平的高低由 $\beta\omega$ 和 $\gamma^2$ 间的关系决定。当 $\beta\omega > \gamma^2$ 时,批发价契约的绿色水平较收益共享契约的绿色水平高,当 $\beta\omega < \gamma^2$ 时结果则相反。仿真图5-1也说明了这点。

命题10: $\dfrac{dg_T^*}{d\lambda} > 0$, $\dfrac{dg_W^*}{d\lambda} > 0$, $\dfrac{dg_R^*}{d\lambda} > 0$; $\dfrac{dg_T^*}{d\beta} < 0$, $\dfrac{dg_W^*}{d\beta} < 0$, $\dfrac{dg_R^*}{d\beta} < 0$; 若 $\gamma > \sqrt{\beta\omega}$,则 $\dfrac{dg_T^*}{d\gamma} > 0$, $\dfrac{dg_W^*}{d\gamma} > 0$, $\dfrac{dg_R^*}{d\gamma} > 0$; 若 $\gamma < \sqrt{\beta\omega}$,则 $\dfrac{dg_T^*}{d\gamma} > 0$, $\dfrac{dg_W^*}{d\gamma} > 0$, $\dfrac{dg_R^*}{d\gamma} > 0$。

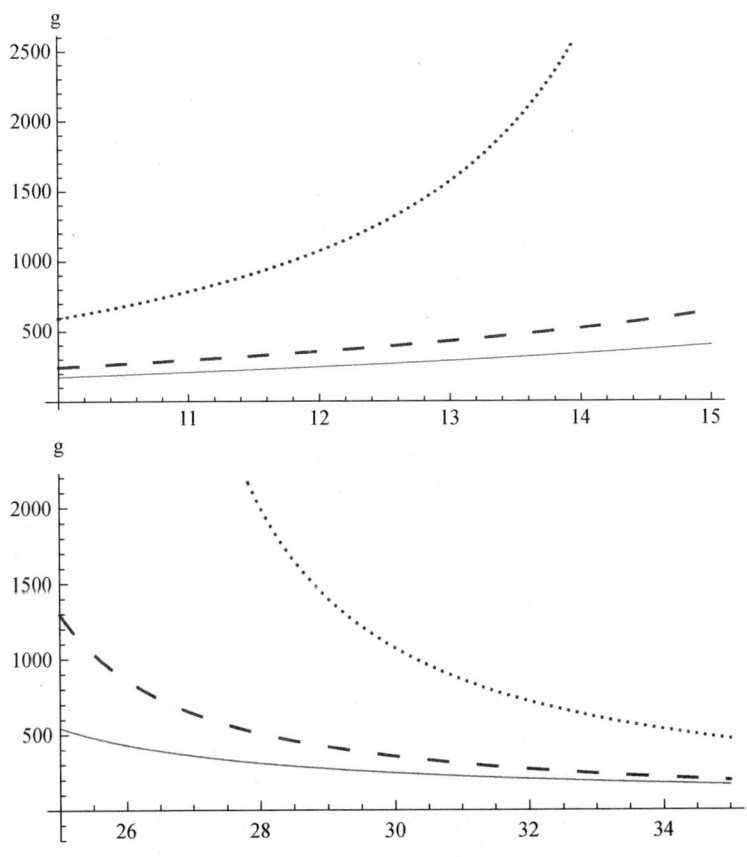

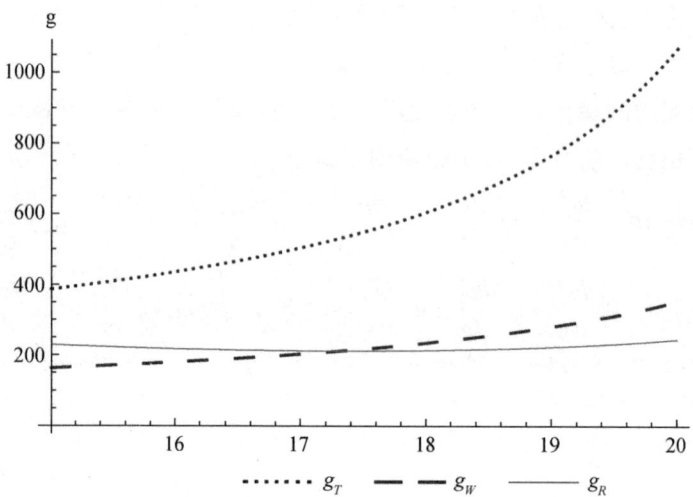

图 5-1 绿色水平随参数 $\lambda$、$\gamma$ 和 $\beta$ 的变化情况（$\phi=10000$，$\beta=30$，$v=20$，$\epsilon=0.1$，$\gamma=20$，$\xi=8$，$\omega=10$）

证明：$\dfrac{dg_T^*}{d\lambda} = \dfrac{(\phi-v\beta)\omega(-\gamma^2\xi+(\beta^2\epsilon^2-2\beta\epsilon\lambda+\lambda^2+2\beta\xi)\omega)}{(\gamma^2\xi+(\beta^2\epsilon^2+\lambda^2-2\beta(\epsilon\lambda+\xi))\omega)^2} > 0$

$\dfrac{dg_R^*}{d\lambda} = \dfrac{\beta(\phi-v\beta)\omega^2(-2\gamma^4\xi+4\beta\gamma^2\xi\omega+\beta(-\beta\epsilon+\lambda)^2\omega^2)}{(2\lambda^4\xi-4\beta\gamma^2\xi\omega+\beta(\beta\epsilon+\lambda)^2\omega^2)^2} > 0$

$\dfrac{dg_W^*}{d\lambda} = \dfrac{(\phi-v\beta)\omega(-2\gamma^2\xi+(\beta^2\epsilon^2-2\beta\epsilon\lambda+\lambda^2+4\beta\xi)\omega)}{(2\gamma^2\xi+(\beta^2\epsilon^2+\lambda^2-2\beta(\epsilon\lambda+2\xi))\omega)^2} > 0$

$\dfrac{dg_T^*}{d\beta} = \dfrac{\omega\begin{pmatrix}\phi(-\gamma^2\epsilon\xi+(\beta^2\epsilon^3-2\beta\epsilon^2\lambda+\epsilon\lambda^2+2\lambda\xi)\omega)+\\v(-\gamma^2\lambda\xi-\lambda^3\omega-\beta^2\epsilon(\epsilon\lambda+2\xi)\omega+2\beta\epsilon(\gamma^2\xi+\lambda^2\omega))\end{pmatrix}}{(\gamma^2\xi+(\beta^{\epsilon^2}+\lambda^2-2\beta(\epsilon\lambda+\xi))\omega)^2} < 0$

$\dfrac{dg_W^*}{d\beta} = \dfrac{\omega\begin{pmatrix}\phi(-2\gamma^2\epsilon\xi+(\beta^2\epsilon^3-2\beta\epsilon^2\lambda+\epsilon\lambda^2+4\lambda\xi)\omega)\\+v(-2\gamma^2\lambda\xi-\lambda^{32}\omega-\beta^2\epsilon(\epsilon\lambda+4\xi)\omega+2\beta\epsilon(2\gamma^2\xi+\lambda^2))\end{pmatrix}}{(2\gamma^2\xi+(\beta^{\epsilon^2}+\lambda^2-2\beta(\epsilon\lambda+2\xi))\omega)^2} < 0$

$\dfrac{dg_T^*}{d\gamma} = \dfrac{2\gamma(\beta\epsilon-\lambda)\xi(v\beta-\phi)\omega}{(\gamma^2+\xi(\beta^2\epsilon^2+\lambda^2-2\beta(\epsilon\lambda+\xi))\omega)^2} > 0$

$\dfrac{dg_W^*}{d\gamma} = \dfrac{4\gamma(\beta\epsilon-\lambda)\xi(v\beta-\phi)\omega}{(2\gamma^2\xi+(\beta^2\epsilon^2+\lambda^2-2\beta(\epsilon\lambda+2\xi))\omega)^2} > 0 。$

因为 $\dfrac{dg_R^*}{d\gamma} = \dfrac{8\beta\gamma(\beta\epsilon-\lambda)\xi(v\beta-\phi)\omega^2(\gamma^2-\beta\omega)}{(2\gamma^4\xi-4\beta\gamma^2\xi\omega+\beta(-\beta\epsilon+\lambda)^2\omega^2)^2}$,

故当 $-\gamma^2 + \beta\omega > 0$ 时，有 $\dfrac{dg_R^*}{d\lambda} < 0$；

当 $-\gamma^2 + \beta\omega < 0$ 时，有 $\dfrac{dg_R^*}{d\lambda} > 0$。

$$\frac{dg_R^*}{d\beta} = \frac{\omega^2 \begin{pmatrix} \phi(-4\beta\gamma^4\epsilon\xi + 2\gamma^4\lambda\xi + \beta^4\epsilon^3\omega^2 - 2\beta^3\epsilon^2\lambda\omega^2 + \beta^2\epsilon\omega(4\gamma^2\xi + \lambda^2\omega)) \\ -\upsilon\beta(4\gamma^4\lambda\xi + \beta^3\epsilon^2\lambda\omega^2 - 2\beta^2\epsilon\omega(-4\gamma^2\xi + \lambda^2\omega) + \\ \beta(-6\gamma^4\epsilon\xi - 4\gamma^2\lambda\xi\omega + \lambda^3\omega^2)) \end{pmatrix}}{(2\gamma^4\xi - 4\beta\gamma^2\xi\omega + \beta(-\beta\epsilon + \lambda)^2\omega^2)^2}$$

从命题 10 可以看出，随着 $\lambda$ 的增加，绿色水平也逐渐增加，这也意味着消费者对绿色产品越敏感，绿色水平就越高。随着 $\beta$ 的增加，绿色水平逐渐下降，这表示消费者对产品价格越敏感，绿色水平反而越低。在集中决策模型与批发价契约模型中，随着 $\gamma$ 的增加，绿色水平逐渐上升。但在收益共享契约模型中，存在关键点 $\sqrt{\beta\omega}$，当 $\gamma > \sqrt{\beta\omega}$ 时，随着 $\gamma$ 的增加绿色水平逐渐上升，而当 $\gamma < \sqrt{\beta\omega}$ 时，随着 $\gamma$ 的下降绿色水平逐渐上升。仿真图 5-1 也证明了这点。

（二）质量努力水平

命题 11：$\theta_T > \theta_W > \theta_R$。

证明：由于 $\theta_T - \theta_W = \dfrac{\gamma\xi^2(\phi - \upsilon\beta)(-\gamma^2 + 2\beta\omega)}{(\gamma^2\xi + (\beta^2\epsilon^2 + \lambda^2 - 2\beta(\epsilon\lambda + \xi))\omega)(2\gamma^2\xi + (\beta^2\epsilon^2 + \lambda^2 - 2\beta(\epsilon\lambda + 2\xi))w)} > 0$，

$$\theta_W - \theta_R = \frac{\gamma\xi(\phi - \upsilon\beta)(2\gamma^4\xi + 2\gamma^2(\beta^2\epsilon^2 + \lambda^2 - 2\beta(\epsilon\lambda + \xi))\omega + \beta(-3\beta^2\epsilon^2 + 6\beta\epsilon\lambda - 3\lambda^2 + 8\beta\xi)\omega^2)}{(2\gamma^2\xi + (\beta^2\epsilon^2 + \lambda^2 - 2\beta(\epsilon\lambda + 2\xi))\omega)(2\gamma^4\xi - 4\beta\gamma^2\xi\omega + \beta(-\beta\epsilon + \lambda)^2\omega^2)} > 0$$

因此可以得到 $\theta_T > \theta_W > \theta_R$。

命题 12：$\dfrac{d\theta_T^*}{d\beta} < 0$，$\dfrac{d\theta_W^*}{d\beta} < 0$，$\dfrac{d\theta_R^*}{d\beta} < 0$；$\dfrac{d\theta_T^*}{d\gamma} > 0$，$\dfrac{d\theta_W^*}{d\gamma} > 0$，$\dfrac{d\theta_R^*}{d\gamma} > 0$；

若 $\gamma > \sqrt{\beta\omega}$，$\dfrac{d\theta_T^*}{d\lambda} > 0$ $\dfrac{d\theta_W^*}{d\lambda} > 0$ $\dfrac{d\theta_R^*}{d\lambda} > 0$；

若 $\gamma < \sqrt{\beta\omega}$，$\dfrac{d\theta_T^*}{d\lambda} > 0$，$\dfrac{d\theta_W^*}{d\lambda} > 0$，$\dfrac{d\theta_R^*}{d\lambda} < 0$。

证明：$\dfrac{d\theta_T^*}{d\beta} = \dfrac{\gamma\xi(2(\beta\epsilon^2 - \epsilon\lambda - \xi)\phi\omega + v(\gamma^2\xi + (-\beta^2\epsilon^2 + \lambda^2)\omega))}{(\gamma^2\xi + (\beta^2\epsilon^2 + \lambda^2 - 2\beta(\epsilon\lambda + \xi))\omega)^2} < 0$

$\dfrac{d\theta_W^*}{d\beta} = \dfrac{\gamma\xi(2(\beta\epsilon^2 - \epsilon\lambda - 2\xi)\phi\omega + v(2\gamma^2\xi + (-\beta^2\epsilon^2 + \lambda^2)\omega))}{(2\gamma^2\xi + (\beta^2\epsilon^2 + \lambda^2 - 2\beta(\epsilon\lambda + 2\xi))\omega)^2} < 0$

$\dfrac{d\theta_R^*}{d\beta} = \dfrac{2\gamma\xi(\phi\omega(-2\gamma^4\xi + \gamma^2(3\beta^2\epsilon^2 - 4\beta\epsilon\lambda + \lambda^2)\omega + 2\beta^2\epsilon(-\beta\epsilon + \lambda)\omega^2) + v(2\gamma^6\xi - 4\beta\gamma^4\xi\omega + 2\beta^2\gamma^2(-\beta\epsilon^2 + \epsilon\lambda + 2\xi)\omega^2 + \beta^2(\beta^2\epsilon^2 - \lambda^2)\omega^3))}{(2\gamma^4\xi - 4\beta\gamma^2\xi\omega + \beta(-\beta\epsilon + \lambda)^2\omega^2)^2} < 0$

$\dfrac{d\theta_T^*}{d\gamma} = \dfrac{\xi(\phi - v\beta)(-\gamma^2\xi + (\beta^2\epsilon^2 + \lambda^2 - 2\beta(\epsilon\lambda + \xi))\omega)}{(\gamma^2\xi + (\beta^2\epsilon^2 + \lambda^2 - 2\beta(\epsilon\lambda + \xi))\omega)^2} > 0$

$\dfrac{d\theta_W^*}{d\gamma} = \dfrac{\xi(\phi - v\beta)(-2\gamma^2\xi + (\beta^2\epsilon^2 + \lambda^2 - 2\beta(\epsilon\lambda + 2\xi))\omega)}{(2\gamma^2\xi + (\beta^2\epsilon^2 + \lambda^2 - 2\beta(\epsilon\lambda + 2\xi))\omega)^2} > 0$

$\dfrac{d\theta_R^*}{d\gamma} = \dfrac{2\xi(\phi - v\beta)(-2\gamma^6\xi + 2\beta\gamma^4\xi\omega - \beta\gamma^2(-3\beta^2\epsilon^2 + 6\beta\epsilon\lambda - 3\lambda^2 + 4\beta\xi)\omega^2 - \beta^2(-\beta\epsilon + \lambda)^2\omega^3)}{(2\gamma^4\xi - 4\beta\gamma^2\xi\omega + \beta(-\beta\epsilon + \lambda)^2\omega^2)^2} > 0$

$\dfrac{d\theta_T^*}{d\lambda} = \dfrac{2\gamma(\beta\epsilon - \lambda)\xi(v\beta - \phi)\omega}{(\gamma^2\xi + (\beta^2\epsilon^2 + \lambda^2 - 2\beta(\epsilon\lambda + \xi))\omega)^2} > 0$

$\dfrac{d\theta_W^*}{d\lambda} = \dfrac{2\gamma(\beta\epsilon - \lambda)\xi(v\beta - \phi)\omega}{(2\gamma^2\xi + (\beta^2\epsilon^2 + \lambda^2 - 2\beta(\epsilon\lambda + 2\xi))\omega)^2} > 0$,

$\dfrac{d\theta_R^*}{d\lambda} = \dfrac{4\beta\epsilon(\lambda - \beta\epsilon)\xi(\phi - v\beta)\omega^2(\gamma^2 - \beta\omega)}{(2\gamma^4\xi - 4\beta\gamma^2\xi\omega + \beta(-\beta\epsilon + \lambda)^2\omega^2)^2}$

因此当 $-\gamma^2 + \beta\omega > 0$ 时，$\dfrac{d\theta_R^*}{d\lambda} < 0$；

当 $-\gamma^2 + \beta\omega < 0$ 时，$\dfrac{d\theta_R^*}{d\lambda} > 0$。

上述两个命题表明制造商的质量努力水平在集中决策模型中最大，在收益共享契约模型中最小。质量努力水平随着 $\beta$ 的增加逐渐减少，随着 $\gamma$ 的增加逐渐增加。但在收益共享契约模型中，存在关键点 $\sqrt{\beta\omega}$，当 $\gamma > \sqrt{\beta\omega}$ 时，随着 $\lambda$ 的增加质量努力水平逐渐上升，而当 $\gamma < \sqrt{\beta\omega}$ 时，随着 $\lambda$ 的下降质量努力水平逐渐上升。仿真图 5 - 2 也证实了上述结论。

# 第四章 基于供应链的绿色农产品质量管理研究

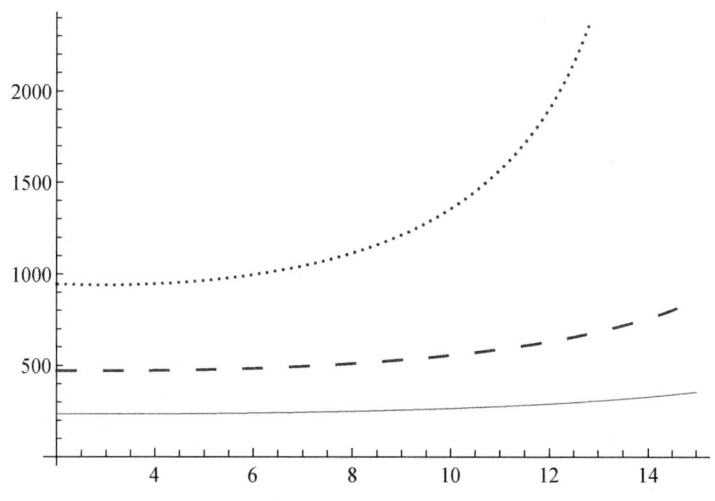

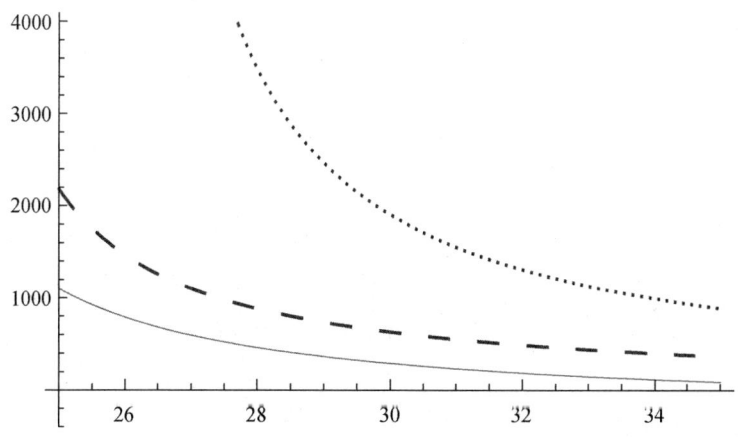

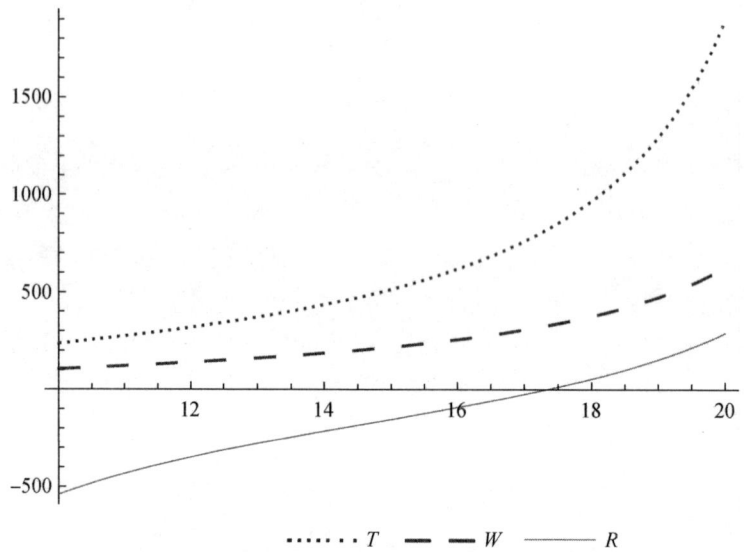

图 5-2 质量努力水平随参数 $\lambda$、$\gamma$ 和 $\beta$ 的变化情况（$\phi=10000$，$\beta=30$，$\upsilon=20$，$\epsilon=0.1$，$\gamma=20$，$\xi=8$，$\omega=10$）

（三）利润

命题 13：$\pi_T^{T*} > \pi_W^{T*} > \pi_R^{T*}$；$\dfrac{d\pi_T^{T*}}{d\lambda} > 0$，$\dfrac{d\pi_W^{T*}}{d\lambda} > 0$，$\dfrac{d\pi_R^{T*}}{d\lambda} > 0$；$\dfrac{d\pi_T^{T*}}{d\beta} < 0$，$\dfrac{d\pi_W^{T*}}{d\beta} < 0$，$\dfrac{d\pi_R^{T*}}{d\beta} < 0$；$\dfrac{d\pi_T^{T*}}{d\gamma} > 0$，$\dfrac{d\pi_W^{T*}}{d\gamma} > 0$，$\dfrac{d\pi_R^{T*}}{d\gamma} > 0$。

证明：$\pi_T^{T*} - \pi_W^{T*} = \dfrac{\xi^3(-\upsilon\beta+\phi)^2\omega(\gamma^2-2\beta\omega)^2}{2(-\gamma^2\xi-(\beta^2\epsilon^2+\lambda^2-2\beta(\epsilon\lambda+\xi))\omega)(2\gamma^2\xi+(\beta^2\epsilon^2+\lambda^2-2\beta(\epsilon\lambda+2\xi))\omega)^2} > 0$。

同样可得到 $\pi_W^{T*} > \pi_R^{T*}$，因此有 $\pi_T^{T*} > \pi_W^{T*} > \pi_R^{T*}$。

由于 $\dfrac{d\pi_T^{T*}}{d\lambda} = \dfrac{(\lambda-\beta\epsilon)\xi(-\upsilon\beta+\phi)^2\omega^2}{(\gamma^2\xi+(\beta^2\epsilon^2+\lambda^2-2\beta(\epsilon\lambda+\xi))\omega)^2} > 0$，$\dfrac{d\pi_T^{T*}}{d\lambda} = \dfrac{\gamma\xi^2(-\upsilon\beta+\phi)^2\omega}{(\gamma^2\xi+(\beta^2\epsilon^2+\lambda^2-2\beta(\epsilon\lambda+\xi))\omega)^2} > 0$。

同理可得到 $\dfrac{d\pi_W^{T*}}{d\lambda} > 0$，$\dfrac{d\pi_R^{T*}}{d\lambda} > 0$；$\dfrac{d\pi_T^{T*}}{d\beta} < 0$，$\dfrac{d\pi_W^{T*}}{d\beta} < 0$，$\dfrac{d\pi_R^{T*}}{d\gamma} <$

$0$，$\dfrac{d\pi_W^{T*}}{d\gamma}>0$，$\dfrac{d\pi_R^{T*}}{d\gamma}>0$。

命题 13 表明在集中决策模型中总利润最高。在分散决策模型中，批发价契约的总利润比收益共享契约模型的大。参数 $\lambda$ 和 $\gamma$ 的增加有利于总利润的增加。仿真图 5-3 也证实了此结论。

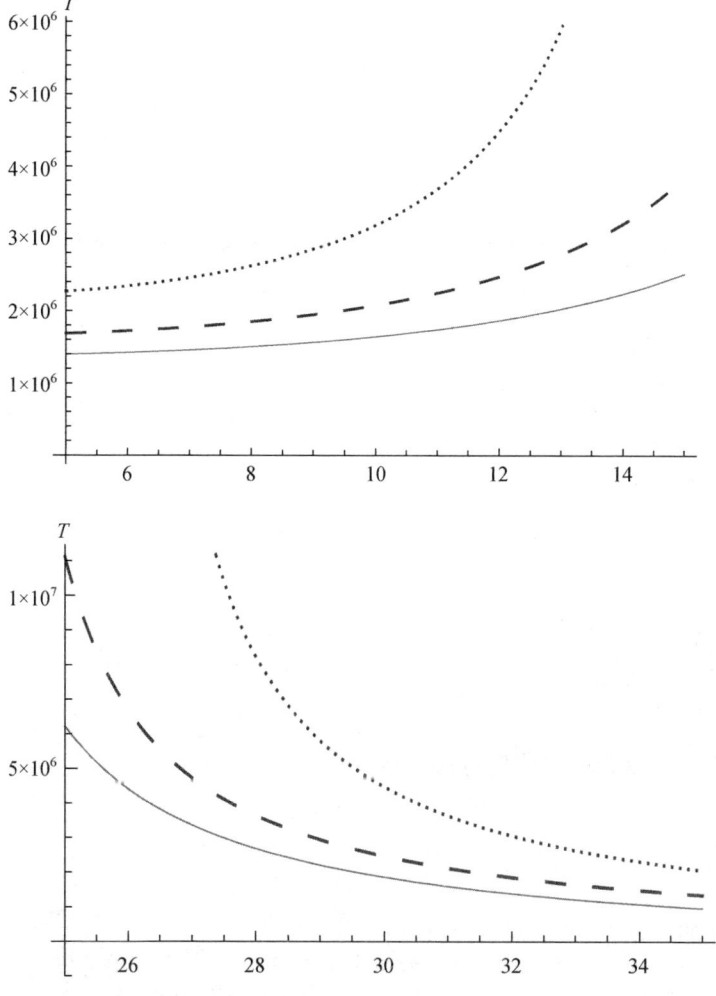

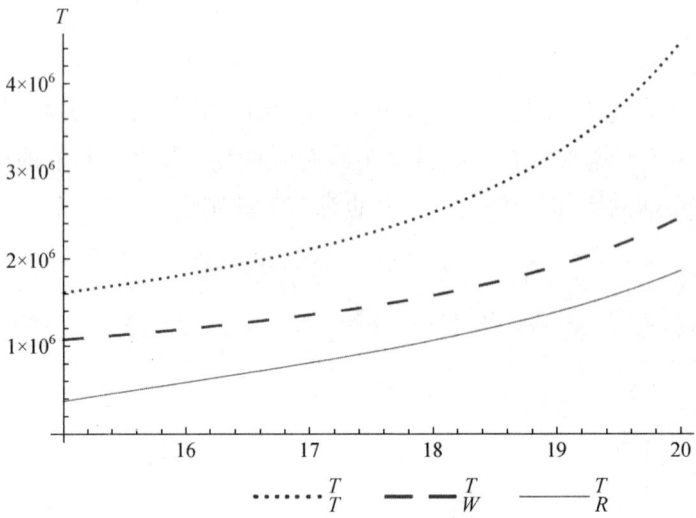

图5-3 总利润随参数 λ、γ 和 β 的变化情况（$\phi=10000$，$\beta=30$，$v=20$，$\epsilon=0.1$，$\gamma=20$，$\xi=8$，$\omega=10$）

命题14：当 $\gamma<\sqrt{\beta\omega}$ 时，$\pi_W^{F*}<\pi_R^{F*}$；

当 $\gamma>\sqrt{\beta\omega}$ 时，$\pi_W^{F*}>\pi_R^{F*}$；

$\dfrac{d\pi_W^{F*}}{d\lambda}>0$，$\dfrac{d\pi_R^{F*}}{d\lambda}>0$；

$\dfrac{d\pi_W^{F*}}{d\beta}<0$，$\dfrac{d\pi_R^{F*}}{d\beta}<0$；

$\dfrac{d\pi_W^{F*}}{d\gamma}>0$；

当 $\gamma<\sqrt{\beta\omega}$ 时，$\dfrac{d\pi_R^{F*}}{d\lambda}<0$；

当 $\gamma>\sqrt{\beta\omega}$ 时，$\dfrac{d\pi_R^{F*}}{d\lambda}>0$。

证明：由于 $\pi_W^{F*}-\pi_R^{F*}=\dfrac{\xi^2(-v\beta+\phi)^2\omega(-\gamma^2+\beta\omega)(-\gamma^2+2\beta\omega)}{(2\gamma^2\xi+(\beta^2\epsilon^2+\lambda^2-2\beta(\epsilon\lambda+2\xi))\omega)(2\gamma^4\xi-4\beta\gamma^2\xi\omega+\beta(-\beta\epsilon+\lambda)^2\omega^2)}$，

因此当 $\gamma<\sqrt{\beta\omega}$ 时，$\pi_W^{F*}<\pi_R^{F*}$；

当 $\gamma > \sqrt{\beta\omega}$ 时，$\pi_W^{F*} > \pi_R^{F*}$。

$$\frac{d\pi_W^{F*}}{d\lambda} = \frac{(\beta\epsilon - \lambda)\xi(-\upsilon\beta + \phi)^2\omega^2}{(2\gamma^2\xi + (\beta^2\epsilon^2 + \lambda^2 - 2\beta(\epsilon\lambda + 2\xi))\omega)^2} > 0,$$

$$\frac{d\pi_R^{F*}}{d\lambda} = \frac{\beta^2(-\beta\epsilon + \lambda)\xi(-\upsilon\beta + \phi)^2\omega^4}{(2\gamma^4\xi - 4\beta\gamma^2\xi\omega + \beta(-\beta\epsilon + \lambda)^2\omega^2)^2} > 0,$$

同理可以得到 $\dfrac{d\pi_W^{F*}}{d\beta} < 0$，$\dfrac{d\pi_R^{F*}}{d\beta} < 0$。

由于 $\dfrac{d\pi_R^{F*}}{d\gamma} = \dfrac{4\gamma\beta\xi^2(-\upsilon\beta + \phi)^2\omega^2(-\gamma^2 + \beta\omega)}{(2\gamma^4\xi - 4\beta\gamma^2\xi\omega + \beta(-\beta\epsilon + \lambda)^2\omega^2)^2}$，

因此当 $\gamma < \sqrt{\beta\omega}$ 时，$\dfrac{d\pi_R^{F*}}{d\lambda} < 0$；

当 $\gamma > \sqrt{\beta\omega}$ 时，$\dfrac{d\pi_R^{F*}}{d\lambda} > 0$。

从命题 14 可以看出，当 $\gamma < \sqrt{\beta\omega}$ 时农民的利润在收益共享契约中最高，而当 $\gamma > \sqrt{\beta\omega}$ 时农民的收益在批发价契约中最高。因此，对于农民而言，采取哪种契约模型取决于 $\gamma$ 和 $\sqrt{\beta\omega}$ 的关系。$\lambda$ 的增加有利于农民利益的增加，而 $\beta$ 的增加使得农民利益降低。在批发价契约模型中，$\gamma$ 增加有利于农民收益的增加。在收益共享契约模型中，当 $\gamma < \sqrt{\beta\omega}$ 时，$\gamma$ 的增加使农民收益降低；当 $\gamma > \sqrt{\beta\omega}$ 时，农民的收益随着 $\gamma$ 的增加而增加。图 5-4 也证明了此命题。

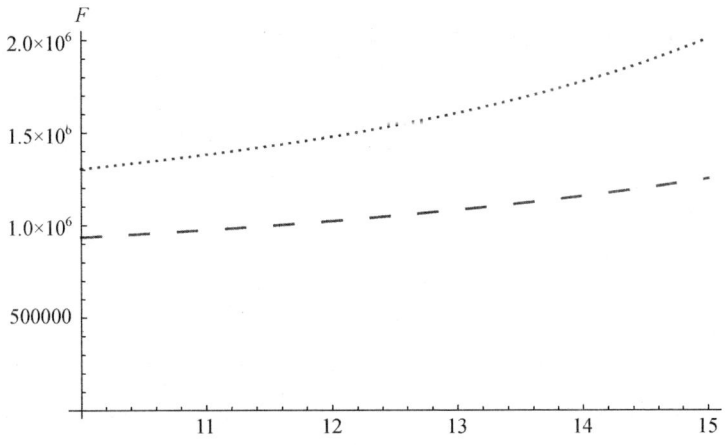

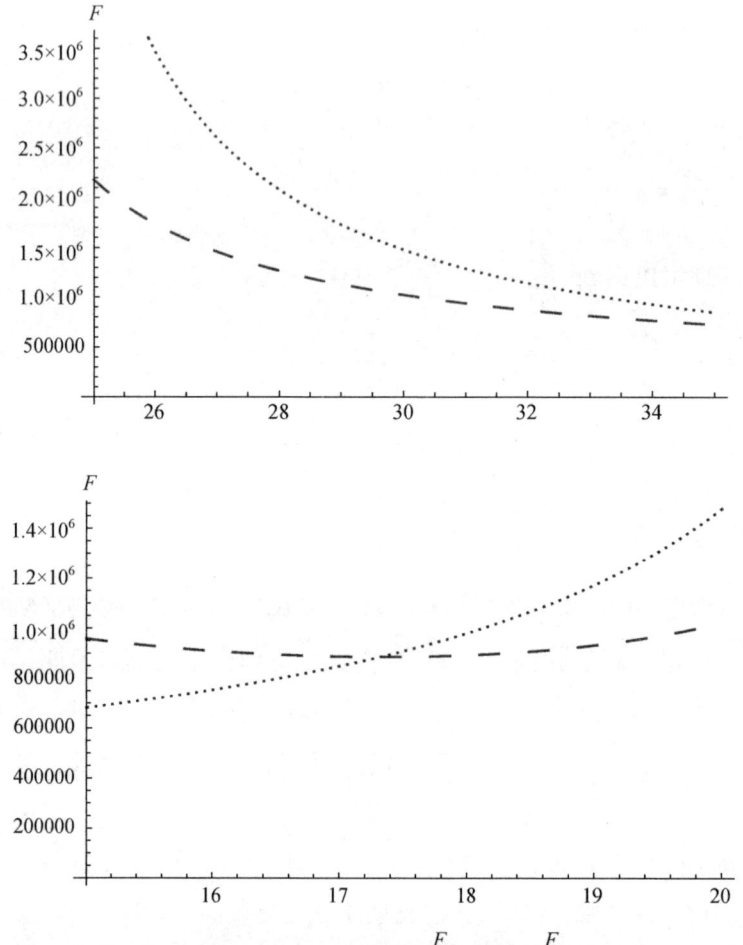

图 5-4 农民的收益随参数 $\lambda$、$\gamma$ 和 $\beta$ 的变化情况（$\phi=10000$，$\beta=30$，$v=20$，$\epsilon=0.1$，$\gamma=20$，$\xi=8$，$\omega=10$）

命题 15：$\pi_W^{E*} > \pi_R^{E*}$；$\dfrac{d\pi_W^{E*}}{d\lambda} > 0$，$\dfrac{d\pi_R^{E*}}{d\lambda} > 0$；$\dfrac{d\pi_W^{E*}}{d\beta} < 0$，$\dfrac{d\pi_R^{E*}}{d\beta} < 0$；$\dfrac{d\pi_W^{E*}}{d\gamma} > 0$，$\dfrac{d\pi_R^{E*}}{d\gamma} > 0$。

证明：同命题 15，略。

从命题 15 和仿真图 5-5 可以看出，制造商的利润在批发价契约中最高，且随着 $\lambda$、$\gamma$ 的增加而增加，随着 $\beta$ 的增加而降低。

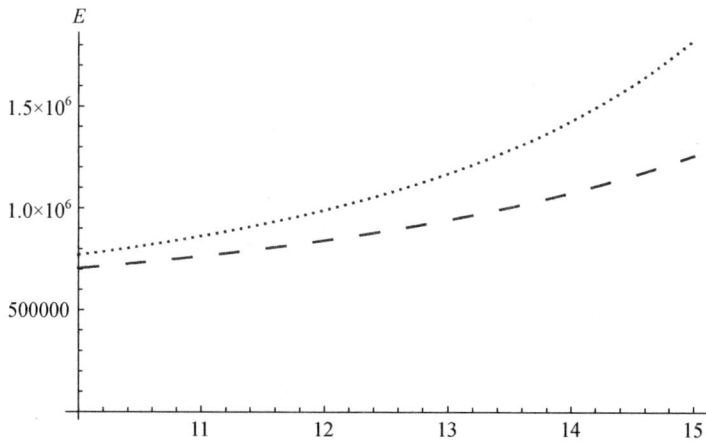

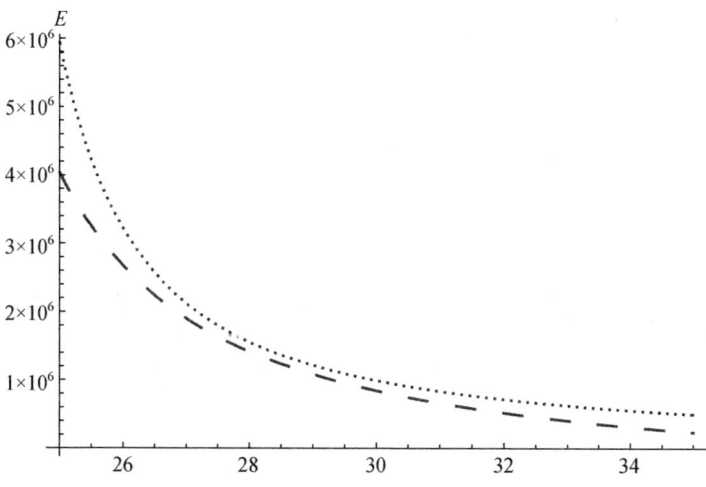

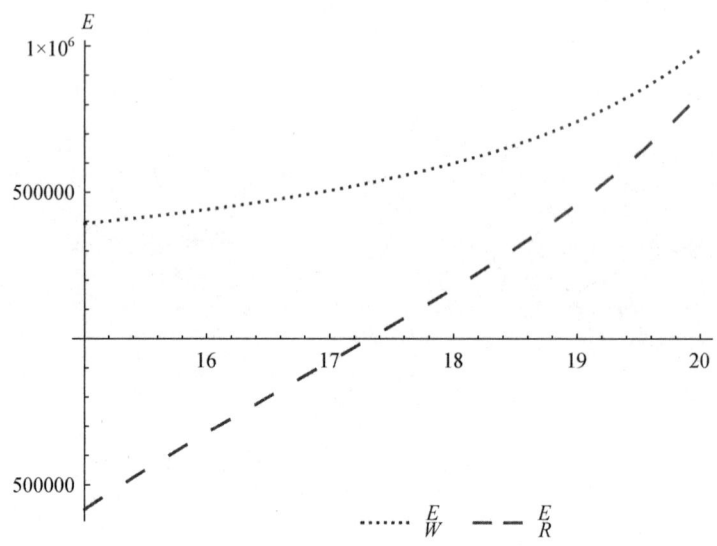

图5-5 制造商利润随参数 $\lambda$、$\gamma$ 和 $\beta$ 的变化情况（$\phi=10000$，$\beta=30$，$v=20$，$\epsilon=0.1$，$\gamma=20$，$\xi=8$，$\omega=10$）

# 第五章 农业产业化经营中动态产量和价格契约

## 第一节 引言

农业现代化、工业化和城镇化"三化"相随同行、相互促进，这是各国现代化进程已经证明了的客观规律。农业产业化经营是我国农村的一个重要创新制造，它是农业现代化发展的基础，其本质实际是农业多主体联结而成的利益共同体，以契约为纽带，通过"风险共担、利益共享"的利益分配机制。因此，建立合理健全的利益分配机制对农业产业化经营至关重要。契约则决定了各主体的利益分配与风险分担情况，各市场农业主体之间根据所签订的契约来承担责任、履行权利、获取利益，这种契约使农户与各经营组织经过市场而发生的买卖关系不仅不会改变参加契约组织各主体的经营独立性，而且能通过契约条例保证组织内各利益主体间的利益分配关系。

目前，最适合我国农村状况的经营模式是龙头企业与农户以契约为纽带组成的农业产业化经营模式。在此经营模式中，两大主体龙头企业和农户都处于不完全信息的状态，且这两大主体均有投机的动机，即会采取各种可能的策略来使自己的利益最大化，从而使得契约具有不稳定性，也因此降低了农业产业化经营的效率。目前，龙头企业与农户的契约主要是以商品契约为主，即龙头企业与农户按照事先签订合同内约定价格来收购农产品。在此模式中，龙头企业与农户均为独立的农业市场主体，农户拥有对生产的部分剩余控制权，且在生产过程中不存在其他的监督者。

在关于农业产业化模式的研究中，不少学者认识到了农业契约是一种典型的不完全契约（incomplete contract），其主要原因是因为农业生产周期较长，产量受气候、自然灾害等难以预测的自然影响较大，且农产品的品质难以标准化，市场价格波动也相对较大，因此缔约各方在契约中都难以将具体情况写清。周立群通过建立固定收购价格下的商品契约与要素契约模型，论述商品契约的稳定性主要是通过专用性投资和市场在确保履约方面的作用来实现的。聂辉华分析了"龙头企业+农户"模式下产权、声誉、抵押和风险态度对最优农业契约的影响。吴德胜采用关系型契约理论分析了农业产业化进程中的农产品交易，解释了农产品契约不稳定的原因以及农产品契约的演进。从已有文献可以看出，目前农业契约的研究主要是收购价格在契约中给定，并且隐含假设农户的农产品产量稳定的情形下进行的契约机制设计。但在实际情况中，在农业契约的不完全性的前提下，龙头企业与农户均想使得自己利益最大化，那么，是否存在一种收购契约，使契约各方在签订契约后，在契约框架下，各方仍能根据市场价格与实际产量做出对自己最有利的决策呢？

本章以不完全契约理论（Grossman and Hart, 1986; Hart and Moore, 1990）和关系契约理论（Baker et al., 2002）为基础，研究农产品产量在不确定、收购价格可变的情况下，龙头企业和农户的两种契约模式，并进行比较分析。

## 第二节　模型假设

有一个龙头企业和 $n$ 个农户以契约形式进行农产品收购交易。首先龙头企业与农户对农产品的收购签订合同，其次农户根据合同约定生产龙头企业所指定的农产品，收获农产品后，农户有两个选择：①按照合同约定的价格将产品交售给龙头企业。此时，龙头企业也有两个选择：根据契约收购农户的农产品或者违约拒收；②按照市场价格将其转售给市场。

依据农产品市场状况,假设龙头企业的农产品收购价格只有两个可能的价格 $p_l$ 和 $p_h$,其中 $p_h > p_l > 0$。农产品的交易是一个两阶段过程,在第一阶段农户提交他们的价格及对应的供给量,第二阶段龙头企业选择价格与成交量。

假设1:假设各农户的成本函数为 $v_i(q)$,其中 $q$ 表示农户 $i$ 的农产品的供给量,$v_i$ 为农户 $i$ 的成本函数,是连续可微、单调递增和严格凹函数,且 $v'(0) > p_h$。据此得到供给函数为:$q = s_i(p) = \max\{v'^{-1}_i, 0\}$,供给函数为双方的共同知识。由于 $v_i$ 是严格凹和连续的函数,故 $s_i$ 是正的且关于价格递增、连续。$v'(0) > p_l$ 则表示 $s_i(p_l) > 0$,即任意一个农户在价格为 $p_l$ 时均有非零数量的农产品的供给。这也意味着 $s_i(p_l) = 0$ 的农户将自动排除在交易之外。

假设2:每个农户的供给是有界的,即对任意的 $i$,有 $s_i(\cdot) < \infty$。

由于实际生产过程中,农产品产量受自然界因素较大。其中产量分为低产量与高产量。在第一阶段,农户提交两个非负供给量 $x_i$ 和 $y_i (i=1, 2, \cdots, n)$,分别表示低价与高价时的供给量,因此有 $y_i \geq x_i$。龙头企业的单位农产品收入 $\beta$ 为龙头企业私有信息,而对于农户而言 $\beta$ 是服从 $G$ 分布的随机变量且为共同知识。

假设3:$G(0) = 0$,对于所有的 $\beta > 0$,有 $G(\beta) > 0$,$G(p_l) < G(p_h)$。$G$ 在区间 $(0, p_h]$ 是连续可微且严格递增的。

$G$ 是双方共同知识,但单位产品的收入 $\beta$ 是龙头企业的私人信息。龙头企业可以选择高价或者低价,或取消交易,即龙头企业的策略集为 $u \in \{p_h, p_l, cancel\}$。若龙头企业选择 $p_l$,则农户 $i$ 供给 $x_i$ 单位农产品;若龙头企业选择 $p_h$,则农户 $i$ 交售 $y_i$ 单位农产品;若龙头企业选择 $cancel$,则没有任何农户交售农产品。龙头企业的目的是利润最大化,其决策取决于其类型(收入 $\beta$)及总的交易数量向量($\Sigma x$, $\Sigma y$)。

## 第三节 模型建立

### 一 统一价格交易机制

在统一价格交易中,每一位农户的每一单位农产品获得相同的交易价格。若龙头企业选择低价,则农户 $i$ 的收益为 $p_l x_i$,则龙头企业的利润为 $(\beta - p_l)$ 与低价时的交售数量之积。若龙头企业选择高价,则农户 $i$ 的收益为 $p_h y_i$,龙头企业的利润为 $(\beta - p_h)$ 与高价时的交售数量之积。

命题1:在统一价格交易中,龙头企业的最优策略为:

$$u(\beta, \sum x, \sum y) = \begin{cases} cancel & p_l \geq \beta \\ p_l & \beta^* \geq \beta > p_l \\ p_h & \beta > \beta^* \end{cases}$$

其中 $\beta^* = \begin{cases} (p_l \sum x - p_h \sum y)/(\sum x - \sum y) & \sum x - \sum y < 0 \\ +\infty & 其他 \end{cases}$ (6-1)

证明:根据上述假设,当且仅当 $\beta > p_l$ 时龙头企业才有可能获得非负利润,故当 $p_l \geq \beta$ 时龙头企业的最优策略为取消交易。由于 $x_i \leq y_i$,故此时分为两种情况分析。

1. $\sum x < \sum y$

若选择 $p_l$ 或 $p_h$ 对龙头企业来说其收益没有差异,则有:

$(\beta - p_l)\sum x = (\beta - p_h)\sum y$,由此可得到 $\beta^* = (p_l \sum x - p_h \sum y)/(\sum x - \sum y)$,其中 $\beta^* > p_l$。即当 $\beta \geq \beta^*$ 时,$(\beta - p_l)\sum x \leq (\beta - p_h)\sum y$,高价时的利润大于低价时的利润,此时龙头企业的最优选择为 $p_h$,否则则为 $p_l$。

2. $\sum x = \sum y$

此时,对于以利润最大化为目的的龙头企业,在低价与高价供给量相同的情况,则其最优选择肯定为 $p_l$。

命题1描述了龙头企业的交易行为。若单位农产品收入低于 $p_l$ 时则取消交易；若单位农产品的收入大于由式（6-1）所决定的阈值 $\beta^*$ 时则选择高价。由式（6-1）可以看出，$\beta^*$ 取决于农户在不同价格时的交售量，这表明农户不是价格的接受者，农户能够通过改变各自的交售量来影响龙头企业的价格选择。

对于农户 $i$，主要选择两个价位的交售量 $(x_i, y_i)$ 来最大化其期望收益。因为农户 $i$ 知道龙头企业的单位农产品收入分布 $G$，且知道龙头企业通过式（6-1）来确定 $\beta^*$，故可以得到龙头企业选择取消交易的概率为 $G(p_l)$，选择低价的概率为 $G(\beta^*) - G(p_l)$，选择高价的概率为 $1 - G(\beta^*)$，故农户 $i$ 的期望收益为：

$$\Pi_i = \max_{x_i, y_i}(1 - G(\beta^*))H_i(y_i) + (G(\beta^*) - G(p_l))L_i(x_i) \qquad (6-2)$$

$$s.t. \ y_i \geq x_i$$

其中，$L_i(x_i) = p_l x_i - v_i(x_i)$，$H_i(y_i) = p_h y_i - v_i(y_i)$，$L_i(x_i)$ 为龙头企业选择低价时获得农户 $i$ 的农产品数量 $x_i$ 时农户 $i$ 所得到的价值，$H_i(y_i)$ 为龙头企业选择高价时获得农户 $i$ 的产品数量为 $y_i$ 时农户 $i$ 所得到的价值。

命题2：在假设1和假设3条件下，以下命题成立：

（1）$\partial_{x_i}\beta^* > 0$；$\partial_{y_i}\beta^* \leq 0$，当且仅当 $\sum x = 0$ 时等式成立。

（2）$L_i(x_i) < H_i(y_i)$。

（3）$y_i > x_i \geq 0$。

证明：由假设有 $y_i \geq x_i \geq 0$，若 $x_i = y_i$，由命题1得到 $\beta^* = +\infty$，则龙头企业此时选择低价收购农产品，而农户欲使自己的收益最大化，在两个价格交易量的情形下，肯定会有 $y_i > x_i$ 而使得龙头企业选择高价。故命题2中（3）成立。

关于式（6-1）的 $x_i$ 与 $y_i$ 一阶偏导，有：

$$\partial_{x_i}\beta^* = \frac{(p_h - p_l)\sum y}{(\sum x - \sum y)^2} > 0; \ \partial_{y_i}\beta^* = \frac{(p_l - p_h)\sum x}{(\sum x - \sum y)^2} \leq 0，而当且仅当$$

$\sum x = 0$ 时等式成立。因此命题2中结论（1）成立。

对于函数 $L_i(x_i)$ 和 $H_i(y_i)$，有 $L_i(0) = 0$，$H_i(0) = 0$。且对于 $\forall a > 0$，由于 $p_l a < p_h a$，故有 $L_i(a) < H_i(a)$。

又由于 $L_i(x_i)$ 为拟凸函数，因此当 $a < s_i(p_l)$ 时 $L'_i(a) < 0$；当 $a =$

$s_i(p_l)$ 时，$L'_i(a)$ 达到最小值；当 $a > s_i(p_l)$ 时，$L'_i(a) > 0$。同理对 $H_i(y_i)$ 可得 $\forall z > 0$，当 $z > s_i(p_h)$ 时，$H'_i(z) < 0$；当 $z = s_i(p_h)$ 时，$H'_i(z)$ 达到最小值；当 $z > s_i(p_h)$ 时，$H'_i(z) < 0$。

由结论(3)知交易存在均衡解，因此 $L_i(x_i)$ 关于 $x_i$ 的一阶条件应该存在。假设 $x_i < s_i(p_l)$，则 $L'_i(x_i) < 0$，由结论(3)得 $L_i(x_i) < L_i(y_i)$。又 $L_i(y_i) < H_i(y_i)$，因此 $L_i(x_i) < H_i(y_i)$。则 $\partial_{x_i}\Pi_i(x_i, y_i) = G'(\beta^*)\partial_x\beta^*(L_i(x_i) - H_i(y_i)) + G(\beta^*)L'_i(x_i) < 0$，这与均衡解存在相矛盾，因此有 $x_i > s_i(p_l)$。此时就有 $L'_i(x_i) > 0$，根据一阶条件可得到 $L_i(x_i) < H_i(y_i)$。因此命题2之中结论(2)成立。

在命题2中，结论(1)表明农户交售的农产品数量对龙头企业价格选择的影响，通过降低低价的交售量和增加高价的交售量可以提高龙头企业选择高价的概率；结论(2)说明龙头企业选择低价时农户 $i$ 的交售量为 $x_i$ 时农户 $i$ 所得到的价值小于龙头企业选择高价时农户 $i$ 的交售量为 $y_i$ 时农户 $i$ 所得到的价值；结论(3)说明农户在高价时的交售量严格高于低价时的交售量。

命题3：在统一价格交易中，$x_i \leq s_i(p_l)$，当且仅当 $\sum y = 0$ 时等式成立；$y_i \geq s_i(p_h)$，当且仅当 $s_i(p_h) = 0$ 时等式成立。

证明：对于式(6-2)关于 $x_i$ 的一阶条件为：$G(\beta^*)(p_l - d_i^{-1}(x_i)) + G'(\beta^*)\partial_x\beta^*(L_i(x_i) - H_i(y_i)) = 0$

得到 $s_i^{-1}(x_i) = p_l + \dfrac{G'(\beta^*)}{G(\beta^*)}\partial_x\beta^*(L_i(x_i) - H_i(y_i)) < p_l$

由于 $d_i^{-1}$ 是增函数，因此有：

$$x_i = s_i\left(p_l - \dfrac{(p_h - p_l)\sum y G'(\beta^*)}{(\sum x - \sum y)^2 G(\beta^*)}(H_i(y_i) - L_i(x_i))\right) \leq s_i(p_l)$$

当 $\sum y = 0$ 时，有 $x_i = s_i(p_l)$。同理，关于 $y_i$ 的一阶条件可以得到：

$$y_i = s_i\left(p_h - \dfrac{(p_h - p_l)\sum y}{(\sum x - \sum y)^2} \dfrac{G'(\beta^*)}{G(p_h) - G(\beta^*)}(L_i(x_i) - H_i(y_i))\right)$$

因此有 $y_i \geq s(p_h)$。若 $y_i = 0$ 则 $y_i \leq s(p_h)$ 成立；当 $s(p_h) = 0$ 时，则 $y_i = 0$。因此当且仅当 $s(p_h) = 0$ 时有 $y_i = s(p_h)$。

命题 3 说明在统一价格交易中，农户在低价时的交售量高于其真实的交售量，在高价时的交售量低于其真实的交售量。

根据上述分析可以看出，统一价格交易中的均衡总是无效率的。由命题 1 可以看出无论龙头企业选择高价还是低价，其产品价格均高于其选择的价格。因此对于龙头企业而言，其单位产品收益总高于其边际成本。另外，对于农户而言总是掩盖其在不同价格时的真实交售量，因此造成农产品的分配无效率。

## 二 歧视价格交易机制

在歧视价格交易中，龙头企业根据各农户在不同价格的交售量，采用不同的零售价格，与统一价格交易相比，除了支付规则不同外其他均相同。在本书中，歧视价格交易的支付规则为，农户提交两种价格下的交售量 $(x_i, y_i)$，$x_i < y_i$。若龙头企业选择低价 $p_l$，则农户交售 $x_i$ 个单位农产品，每单位支付 $p_l$，农户总收益为 $x_i p_l$。若龙头企业选择高价 $p_h$，则龙头企业先为 $x_i$ 个单位农产品每单位支付 $p_l$，余下的 $(y_i - x_i)$ 每单位支付 $p_h$，农户总收益为 $p_h(y_i - x_i) + x_i p_l$。若龙头企业取消交易，则农户的收益为 0。

命题 4：在歧视价格交易中，龙头企业的最优策略为：

$$u(\beta, \sum x, \sum y) = \begin{cases} cancel & \beta < p_l \\ p_l & p_l \leq \beta \leq p_h \\ p_h & \beta > p_h \end{cases}$$

证明：令 $a = (\beta - p_l) \sum x$，$b = (\beta - p_h)(\sum y - \sum x)$。如果龙头企业选择低价，则其利润为 $a$；如果龙头企业选择高价，则其利润为 $a + b$。若 $\beta < p_l$，龙头企业选择高价或者低价其利润均为负，故此时龙头企业最优策略是取消交易。若 $p_l \leq \beta \leq p_h$，则 $a > 0$，$b < 0$，此时龙头企业最优策略是选择低价。若 $\beta \geq p_h$，则 $a > 0$，$b > 0$，此时龙头企业最优策略是选择高价。

由命题 4 可以看出，与统一价格交易不同，歧视价格交易时龙头企业的最优策略只与自身的成本有关，与农户所的交售量无关。

命题 5：歧视价格交易中，$y_i = s_i(p_h)$，$x_i \leq s_i(p_l)$，当且仅当 $s_i(p_l) = 0$ 时等式成立。

证明：根据命题4可以知道，龙头企业选择低价的概率为$G(p_h) - G(p_l)$，选择高价的概率为$1 - G(p_h)$。则农户$i$的期望效用为：

$$\Pi_i = \max_{x_i, y_i}(G(p_h) - G(p_l))(p_l x_i - v_i(x_i)) + (1 - G(p_h))(p_h(y_i - x_i) + p_i x_i - v_i(y_i)) \qquad (6-3)$$

式(6-3)关于$x_i$的一阶条件得到：$(G(p_h) - G(p_l))(p_l - d_i^{-1}(x_i)) - (1 - G(p_h))(p_h - p_l) = 0$，$x_i = s_i\left(p_l - (p_h - p_l)\dfrac{1 - G(p_h)}{G(p_h) - G(p_l)}\right) \leqslant d_i(p_l)$，当且仅当$s_i(p_l) = 0$时等式成立。

式(6-3)关于$y_i$的一阶条件得到：$(1 - G(p_h))(p_h - s_i^{-1}(y_i)) = 0$，因此有$y_i = s_i(p_h)$。

由命题5可以看出，在歧视价格交易中，农户在高价时会选择提交自己真实的交售量，在低价时则会选择提交低于自己真实的交售量，这也表明歧视价格交易导致无效率。

## 第四节　模型比较分析

命题6：龙头企业在统一价格交易时选择高价的概率大于歧视价格交易时选择高价的概率，歧视价格交易时选择低价的概率大于统一价格交易时选择低价的概率。

证明：根据命题1与命题4可以看出，当$\beta^* = (p_l \sum x - p_h \sum y)/(\sum x - \sum y)$时，有$\beta^* > p_h$，则统一价格交易选择高价的概率为$1 - G(\beta^*)$，小于歧视价格交易选择高价的概率$1 - G(p_h)$，统一价格交易选择低价的概率为$G(\beta^*) - G(p_l)$，小于歧视价格交易选择低价的概率$G(p_h) - G(p_l)$，具体如图6-1所示。

由命题4和命题5可以看出，在歧视价格交易中，龙头企业的均衡策略只与产品的单位收益$\beta$有关。农户在低价的策略与高价的策略选择只与$p_l$，$p_h$及其概率分布相关。故在歧视价格交易中，均衡策略与参与竞争的人数无关。在统一价格交易中，假设农户$i$类型有$k$个，

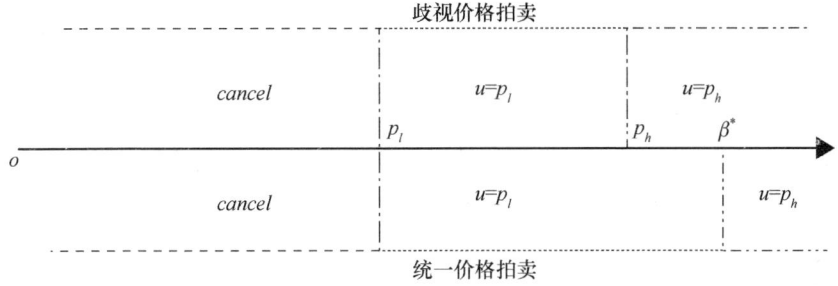

**图 6-1 统一价格与歧视价格交易价格选择概率**

则共有 $kn$ 个农户参与交易。此时，$\sum x = \sum_{j=1}^{k}\sum_{i=1}^{n} x_{ij}/k$，$\sum y = \sum_{j=1}^{k}\sum_{i=1}^{n} y_{ij}/k$，因此，$\partial_{x_i}\beta^* = \dfrac{(p_h - p_l)\sum y}{k(\sum x - \sum y)^2}$，$\partial_{y_i}\beta^* = \dfrac{(p_h - p_l)\sum x}{k(\sum x - \sum y)^2}$，当 $k\to\infty$ 时，$\partial_{x_i}\beta^* \to 0$，$\partial_{y_i}\beta^* \to 0$，此时 $x_i = \lim\limits_{k\to\infty} s_i\left(p_l - \dfrac{G'(\beta^*)}{G(\beta^*)}\partial_{x_i}\beta^*(L_i(x_i) - H_i(y_i))\right) \to s_i(p_l)$，$y_i = \lim\limits_{x\to\infty} s_i\left(p_h + \partial_{y_i}\beta^*\dfrac{G'(\beta^*)}{G(p_h) - G(\beta^*)}(L_i(x_i) - H_i(y_i))\right) \to s_i(p_h)$。因此，在统一价格交易中，参与交易的农户越多，则交售量扭曲得越少，即实际交售量就更接近真实的交售量。故从机制设计的角度来看，参与交易的农户越多，相对于歧视价格交易而言，龙头企业更倾向于统一价格交易模式来收购农产品。

## 第五节 本章小结

本章从机制设计的角度分别从统一价格交易机制与歧视价格交易机制分析了在农户产量不确定、龙头企业收购价格可变的情形下龙头企业的收购价格选择与农户供给产量的选择的两种农业契约机制，对两种交易机制的相关性质进行了比较分析。研究结果表明：在统一价格交易机制中，农户在低价时的交售量低于其真实交售量，在高价时的交售量高于其真实交售量。歧视价格交易机制中农户在低价时会选择提交低于自己真实的交售量，在高价时会选择提交等于自己真实的交售量。若参与交易的农户越多，相对歧视价格交易机制而言，统一价格交易机制的交售量扭曲越少，龙头企业则更倾向于采用统一价格交易机制的方式进行农产品收购。

# 第六章 生产能力约束下农业供应链产品质量协调机制

## 第一节 引言

农业现代化、工业化和城镇化"三化"相随同行、相互促进，这是各国现代化进程已经证明了的客观规律。农业现代化发展离不开农业产业化经营，企业与农户通过契约为纽带而形成的农业产业化经营模式中，企业为了使自己利润最大化，往往使得农民收益得不到保障，导致农民积极性不高，从而直接影响种植规模与质量，在烟草农业中尤为如此。在农业供应链中，各主体需要通过决策农产品收购价格、种植规模、质量，在最大化自身利润的同时也能维护供应链的协调。特别是在以家庭为单元生产的情况下，由于家庭成员的能力及资源限制下，在同一努力水平下，提高产量则会降低质量，或者提高质量会降低产量。农产品的质量与产量同时会影响到市场需求与价格，那么，在此情况下农业供应链的协调机制如何？这是本章所要解决的问题。

目前有不少学者从不同的角度对农业供应链的协调机制进行了相关研究。Burer 等（2008）研究了奖惩条件下的农业种子供应链协调机制。Cai 等（2010）研究了在考虑生鲜产品订购量与保鲜努力情况下生鲜农产品供应链协调问题。Jang 和 Klein（2011）考虑了 B2C 模式和 B2B 模式下小型农业企业与农户之间的最优合作规模及最优产量。Kazaz 和 Webster（2011）研究了产品价格和生产计划受不确定产出影响下农产品生产决策问题。叶飞等（2012）讨论了"B-S期权定价+生产协作+保证金"的合同机制下订单农业供应链协调问题。但斌等（2013，2014）、伏红勇等（2015）考虑天气影响质量、努力水平影响产量时供应链协调机制。郑银粉等（2014）讨论具有损失规避和价格参照的农户与风险中性的公司组成的两级订单农业供应链协调机制。姚冠新和徐静（2015）在农产品产出不确定的条件下讨论了政府定额补贴和系数补贴行为对供应链的影响。秦开大和李腾（2015）在公司面临的市场需求不确定风险、农户面临的产出不确定风险以及双方共同面临的批发价格波动影响的条件下研究了"保底收购，随行就市"惠农政策后供应链的绩效变化。浦徐进等（2016）在生产和销售努力共同决定供应链产出的条件下，研究了双边努力投入和效用水平对供应链的影响。Juan等（2016）则研究了生鲜农产品应急供应链协调机制。

从上述研究可以看出，众多学者在农业供应链取得了重要的成果，但在农户能力限制情形下，考虑农产品质量与产量时供应链协调机制问题鲜见。基于此，在上述学者研究的基础上，本章针对由一个企业和一个农户组成的供应链，在考虑农户生产能力限制时须在原材料生产数量与质量平衡下运用博弈论建立集中决策与分散决策模型，研究在两种决策模式下原材料质量、产品质量最优决策问题。

## 第二节　模型假设

农户向企业供应质量水平为 $m$ 的农产品原材料，企业加工精细程度为的成品。由于农户的资源限制，若质量水平 $m$ 越高，其原材料供应量 $s$ 就越小。同时在综合考虑垄断与市场需求的情形下，市场需求由产品价格 $p$、$m$ 及 $\theta$ 共同决定，即产品价格最终由市场根据供需关系确定。在供应链中各方都以利润最大化为目标进行决策，农户决策 $m$，具有强势地位的企业决策原材料收购价格 $w$ 和 $\theta$，市场根据供需关系确定零售价 $p$，因此，此情形下的农业供应链协调是三阶段决策过程。

假设1：设农户原材料供应量函数关系为：$s(m) = a - bm$，其中正常数 $a$ 表示在最低质量水平情形下的最大供应量，单位原材料成本为 $c$，正常数 $b$ 表示质量水平每增加一个单位则供应量减少 $b$ 个单位。此函数关系表明随着原材料质量的增加，原材料供应量则会减少。原材料为 $m$ 时的总成本为 $km^2/2$。

假设2：原材料的供应量与企业供应市场的产品数量一致。市场产品需求由 $d(m, \theta, p) = \phi + \lambda m + \gamma \theta - p$，其中正常数 $\phi$ 为市场需求基数，正常数 $\lambda$、$\gamma$ 分别表示农户、企业在产品质量提升时对市场需求的影响。企业产品精细加工程度 $\theta$ 的成本为 $\mu \theta^2/2$。质量的提升增加成本的同时也能增加效益，为保证提升质量对农户和企业有利，设 $\lambda^2 > k$，$\gamma^2 > \mu$。

假设3：产品的零售价由市场根据供需关系决定，即由 $s(m) = d(m, \theta, p)$ 决定。

假设4：当 $m = 0$、$\theta = 0$ 时，为满足市场需求，原材料的供应量 $a$ 大于市场基数 $\phi$。为保证此时需求 $\phi - p > 0$，零售价高于成本，因此 $\phi > c$。

根据上述假设，得到农户的利润 $\pi_F$ 和企业的利润 $\pi_E$：

$$\Pi_F = (w - c)(\phi + \lambda m + \gamma \theta - p) - km^2/2 \tag{7-1}$$

$$\Pi_E = (p - w)(\phi + \lambda m + \gamma \theta - p) - \mu \theta^2/2 \tag{7-2}$$

## 第三节　模型建立

### 一　集中决策模型

在集中决策模型中，将农户和企业作为一个决策单元，其目标是使得该决策单元利润最大化。根据式（7-1）和式（7-2）得到：

$$\Pi^T = \max_{(m, \theta)} (\Pi_F + \Pi_E) \tag{7-3}$$

式（7-3）的二阶条件为：$\dfrac{\partial \Pi^2}{\partial^2 m} = -k < 0$，$\dfrac{\partial \pi^2}{\partial^2 \theta} = -\gamma < 0$，$\dfrac{\partial \Pi}{\partial^2 \theta}$

$\frac{\partial \Pi^2}{\partial^2 m} - \frac{\partial \Pi^2}{\partial \theta \partial m} \frac{\partial \Pi^2}{\partial \theta \partial m} = k\mu > 0$，因此存在最优值 $m$ 和 $\theta$ 使得 $\Pi^T$ 达到最大值。根据一阶导数，得到：

$$m = \frac{(p-c)\lambda}{k} \tag{7-4}$$

$$\theta = \frac{(p-c)\gamma}{\mu} \tag{7-5}$$

市场根据供应与需求确定产品价格，即 $a - bm = \phi + \lambda m + \gamma \theta - p$，得到 $p^T$：

$$p^T = \frac{c(\gamma^2 k + \lambda(b+\lambda)\mu) + k\mu(a-\phi)}{\gamma^2 k + (-k + \lambda(b+\lambda))\mu} \tag{7-6}$$

从而得到：

$$m^T = \frac{\lambda\mu(a+c-\phi)}{\gamma^2 k + (-k + \lambda(b+\lambda))\mu} \tag{7-7}$$

$$\theta^T = \frac{\gamma k(a+c-\phi)}{\gamma^2 k + (-k + \lambda(b+\lambda))\mu} \tag{7-8}$$

$$d^T = \frac{a(\gamma^2 k + (-k + \lambda^2)\mu) + b\lambda\mu(-c+\phi)}{\gamma^2 k + (-k + \lambda(b+\lambda))\mu} \tag{7-9}$$

$$\pi^T = \frac{k\mu(a(\gamma^2 k + (-2k+\lambda^2)\mu) - (\gamma^2 k + \lambda(2b+\lambda)\mu)(c-\phi))(a+c-\phi)}{2(\lambda^2 k + (-k+\lambda(b+\lambda))\mu)^2} \tag{7-10}$$

### 二 分散决策模型

在分散决策条件下，农户和企业分别根据收益最大化原则进行决策。根据式（7-1），$\Pi_F$ 关于 $m$ 的二阶导数 $\partial \pi_F^2 / \partial^2 m = -k < 0$，根据其一阶导数得到：

$$m = \frac{(w-c)\lambda}{k} \tag{7-11}$$

将其代入式（7-2）中，$\Pi_E$ 关于 $w$、$\theta$ 的二阶条件分别为：

$\frac{\partial \Pi_E^2}{\partial^2 w} = -\frac{2\lambda^2}{k} < 0$，$\frac{\partial \Pi_E^2}{\partial^2 \theta} = -\mu < 0$，$\frac{\partial \Pi_E^2}{\partial^2 w} \frac{\partial \Pi_E^2}{\partial^2 \theta} - \frac{\partial \Pi_E^2}{\partial \theta \partial w} = -\gamma^2 + \frac{2\lambda^2 \mu}{k}$

因此，当 $2\lambda^2 \mu - \gamma^2 k > 0$ 时，存在最优值 $w$、$\theta$ 使得 $\Pi_F$ 达到最大值。根据一阶条件得到：

第六章 生产能力约束下农业供应链产品质量协调机制　123

$$w = \frac{-c\lambda^2\mu + p(\gamma^2 k - (k+\lambda^2)\mu) + k\mu\phi}{\gamma^2 k - 2\lambda^2\mu} \quad (7-12)$$

$$\theta = \frac{\gamma(c\lambda^2 + p(k-\lambda^2) - k\phi)}{\gamma^2 k - 2\lambda^2\mu} \quad (7-13)$$

根据 $a - bm = \phi + \lambda m + \gamma\theta - p$，代入式（7-11）、式（7-12）和式（7-13），得到：

$$p^C = \frac{ak(-\lambda^2 k + 2\lambda^2\mu) + \lambda(-bc\lambda^2 k + bc\lambda^2\mu + c\lambda^3\mu + bk\mu\phi - k\lambda\mu\phi)}{\lambda(\lambda(-k+\lambda^2)\mu + b(-\gamma^2 k + (k+\lambda^2)\mu))}$$

$$(7-14)$$

根据式（7-11），从而得到：

$$w^C = \frac{ak(-\gamma^2 k + (k+\lambda^2)\mu) + \lambda(bc(-\gamma^2 k + (k+\lambda^2)\mu) + \lambda\mu(c\lambda^2 - k\phi))}{\lambda(\lambda(-k+\lambda^2)\mu + b(-\gamma^2 k + (k+\lambda^2)\mu))} \quad (7-15)$$

$$\theta^C = \frac{\gamma k(a(\lambda^2 - k) + b\lambda(\phi - c))}{\lambda(\lambda(-\kappa+\lambda^2)\mu + b(-\gamma^2 k + (k+\lambda^2)\mu))} \quad (7-16)$$

$$m^C = \frac{a(\gamma^2 k - (k+\lambda^2)\mu) + \lambda^2\mu(\phi - c)}{\lambda(k-\lambda^2)\mu + b(\lambda^2 k - (k+\lambda^2)\mu)} \quad (7-17)$$

$$d^C = \frac{\lambda\mu(a(k-\lambda^2) - b\lambda(\phi - c))}{\lambda(k-\lambda^2)\mu + b(\gamma^2 k - (k+\lambda^2)\mu)} \quad (7-18)$$

$$\Pi_F = -\frac{k(a(\gamma^2 k + (-3k+\lambda^2)\mu) + \lambda(2b+\lambda)\mu(\phi - c))(a(\gamma^2 k - (k+\lambda^2)\mu) + \lambda^2\mu(\phi - c))}{2(\lambda(k-\lambda^2)\mu + b(\gamma^2 k - (k+\lambda^2)\mu))^2} \quad (7-19)$$

$$\Pi_E = -\frac{k\mu(\gamma^2 k - 2\lambda^2\mu)(a(k-\lambda^2) - b\lambda(\phi - c))^2}{2\lambda^2(\lambda(-k+\lambda^2)\mu + b(-\gamma^2 k + (k+\lambda^2)\mu))^2} \quad (7-20)$$

$$\Pi^C = \Pi_E + \Pi_F \quad (7-21)$$

## 第四节　模型分析与仿真

命题1：当两种决策类型的农产品原材料质量一致时，其产品需求量也一致，即 $m^T = m^C \Leftrightarrow d^T = d^C$，但 $\Pi^C > \Pi^T$。

证明：当 $m^T = m^C$ 时即

$$\frac{\lambda(a+c-\phi)}{(-1+\gamma)k+\lambda(b+\lambda)} = \frac{a(k-\gamma k+\lambda^2)+\lambda^2(c-\phi)}{-k\lambda+\lambda^3+b(k-\gamma k+\lambda^2)}, 从而得到：$$

$a = \dfrac{\lambda(\gamma^2\lambda + b(\gamma^2 - \mu))\mu(\phi-c)}{-\gamma^4 k + 2\gamma^2 k\mu + (-k+\lambda^2)\mu^2}$。将 $a$ 代入到 $d^T$、$d^C$ 中得到 $d^T - d^C =$

0。又 $\Pi^T - \Pi^C = -\dfrac{\gamma^2 k\mu^2(k\mu + 2\gamma^2(\lambda^2 - k))(c-\phi)^2}{2(\gamma^4 k - 2\gamma^2 k\mu + (k-\lambda^2)\mu^2)^2}$，根据假设条件

可知 $\Pi^C > \Pi^T$。具体如图 7-1 所示。

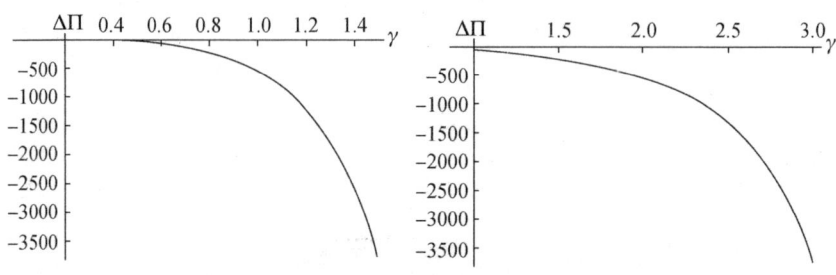

图 7-1　$\Delta\Pi$ 随 $\gamma$、$\lambda$ 变化趋势（$\Delta\Pi = \Pi^T - \Pi^C$）

由图 7-1 可以看出，$\Delta\Pi$ 始终小于 0，且随着 $\gamma$、$\lambda$ 值的增加，分散决策时的总利润较集中决策时的总利润越大。

命题 1 表明企业在两种决策模式中对原材料质量要求一致的情况下，其市场需求也一致，此时企业应倾向于与农户分开经营进行利润独立核算，特别是在质量对需求很大的情况下更应独立经营决策。

命题 2：当两种决策类型的企业生产的产品质量一致时，即 $\theta^T = \theta^C$ 时，$m^T > m^C$，$d^T < d^C$，$\Pi^T < \Pi^C$。

证明：当 $\theta^T = \theta^C$ 时得到

$a = \dfrac{\lambda^2(b^2 - k + 2b\lambda + \lambda^2)\mu(\phi-c)}{k(\gamma^2(k-\lambda(b+\lambda)) + (-k+\lambda(2b+\lambda))\mu)}$。由于 $\gamma^2(-k+\lambda(b+\lambda)) + (k-\lambda(2b+\lambda))\mu > (\lambda^2 + 2b\lambda - k)(\gamma^2 - \mu) > 0$，故

$m^T - m^C = \dfrac{\lambda\mu(\phi-c)}{\gamma^2(-k+\lambda(b+\lambda)) + (k-\lambda(2b+\lambda))\mu} > 0$，

$\Pi^T - \Pi^C = \dfrac{\lambda\left(\begin{matrix}2\lambda b^2(\lambda^2 - k) + \lambda(k^2 + 2\lambda^2\left(k^2 + 2\lambda^2\left(\lambda^2 - \dfrac{3k}{2}\right)\right)\right) + 2b \\ -2k)) + 2b\end{matrix}\right)\mu^2(c-\phi)^2}{2k(\gamma^2(k-\lambda(b+\lambda)) + (-k+\lambda(2b+\lambda))\mu)^2} < 0$,

$$d^T - d^C = \frac{-b\lambda\mu(\phi - c)}{\gamma^2(-k + \lambda(b + \lambda)) + (k - \lambda(2b + \lambda))\mu} < 0, 故有 m^T >$$
$m^C$、$d^T < d^C$、$\Pi^T < \Pi^C$。具体如图 7-2、图 7-3 所示。

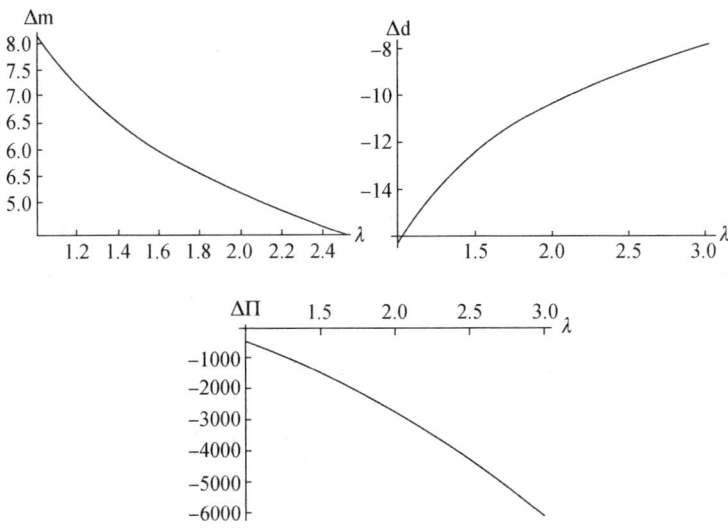

图 7-2　$\Delta m$、$\Delta d$、$\Delta \Pi$ 随 $\lambda$ 变化趋势（$\Delta m = m^T - m^C$、
$\Delta d = d^T - d^C$、$\Delta \Pi = \Pi^T - \Pi^C$）

从图 7-2、图 7-3 可以看出，$\Delta m > 0$，$\Delta d < 0$，$\Delta \Pi < 0$，且随着 $\lambda$、$\gamma$ 的增加其原材料质量差距 $\Delta m$ 减少，随着 $\lambda$、$\gamma$ 的增加市场需求差距 $\Delta d$ 降低，但利润差距 $\Delta \Pi$ 随着 $\lambda$ 的增加而增加，随着 $\gamma$ 的增加而降低。

命题 2 说明企业在两种决策模式中对其生产的产品质量要求一致的情形下，则集中决策时农户提供的原材料质量要求较高，但其需求量（农户原材料的供给）和总利润则较分散决策时的低。此时仍表明在产品质量一致的情况下相对于企业，特别是在原材料质量对需求影响较大时，分散决策仍优于集中决策。

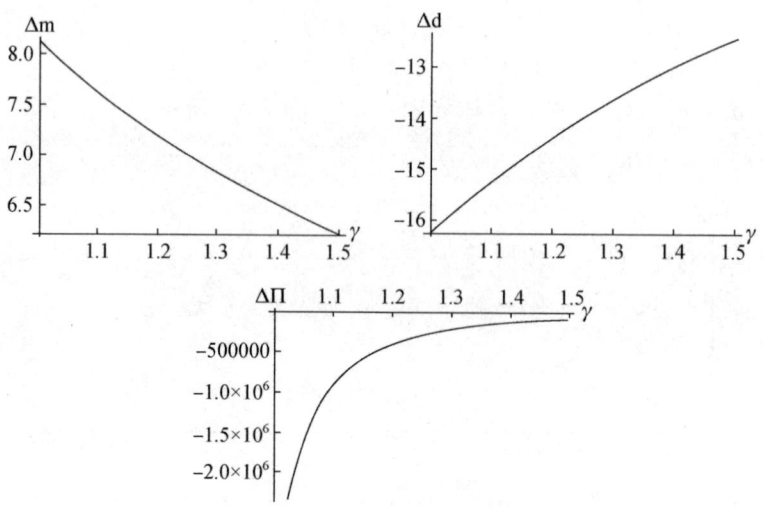

图7-3　$\Delta m$、$\Delta d$、$\Delta \Pi$ 随 $\gamma$ 变化趋势（$\Delta m = m^T - m^C$、
$\Delta d = d^T - d^C$、$\Delta \Pi = \Pi^T - \Pi^C$）

命题3：分散决策时的总利润总是大于集中决策时的总利润。

由于数学推导较复杂，采用仿真的形式加以证明，如图7-4所示。

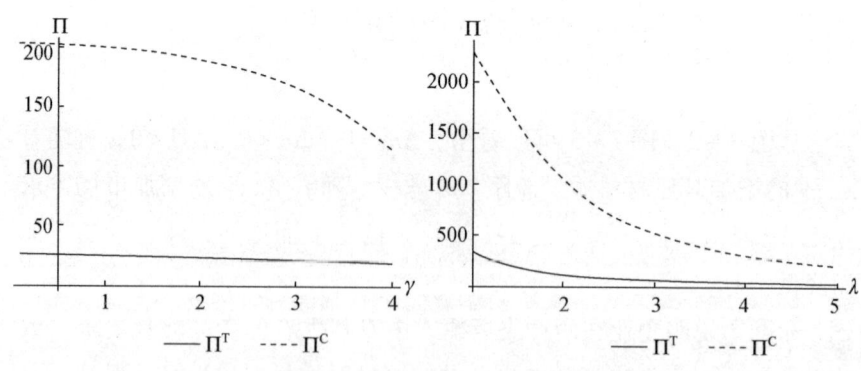

图7-4　总利润随 $\lambda$、$\gamma$ 的变化趋势

通过图7-4可以看出，分散决策时的总利润总是大于集中决策时的总利润，且均随 $\lambda$、$\gamma$ 的增加而降低，两者的利润差距也随之减少。

# 第七章 农业供应链网络信息共享演化博弈研究

## 第一节 引言

在大数据时代信息在经济活动中的重要性越来越得到重视，如何有效收集、分析信息，并利用从信息中提取到的规律来指导生产实践成为企业提高自身竞争力的关键因素。信息共享程度较高的现代农业往往能表现出更高的创新能力与业务水平。农业供应链网络作为龙头企业、农户、消费者等主体构成的复杂网络，集资金流、物流与信息流于一身，信息共享在农业供应链网络中起到非常重要的作用：农业供应链网络中各节点之间往往具有互补性的信息资源，通过信息共享可以产生协同效应，促进双方共同发展，从而提升竞争力。因此，研究农业供应链网络信息共享协同演化，建立可持续发展的农业供应链网络信息生态系统，对于农业供应链管理决策具有重要意义。

目前已经有不少学者对供应链网络信息共享做了深入研究。王文利和薛耀文（2009）采用带记忆的遗传算法对供应链复杂网络信息共享风险进行了仿真，其结果表明：小世界网络中企业的信息共享效率要高于随机网络和规则网络。向小东（2011）运用演化博弈论方法研究供应链企业间信息共享的动态演化过程，探讨供应链企业信息共享策略的演化规律。张昕瑞（2013）对复杂农业供应链网络中单农业供应链网络间存在的基于价值增值的动态合作联盟博弈问题分析网络之间动态合作联盟的形成条件。刘建刚和马德清（2016）通过知识共享的直接受益、协同收益及共享成本刻画供应链企业进行知识共享的收益，构建了包含农户与龙头企业的一个演化博弈模型。另外，还有很多学者探讨了降低共享成本、提升知识吸收能力、建立激励措施和惩罚措施等不同因素对演化博弈轨迹的影响。

基于上述学者的研究成果，本章利用演化博弈模型对农业供应链网络上信息共享行为进行分析，研究惩罚力度、信息共享成本等因素对博弈策略演化路径的影响。

## 第二节　演化博弈模型

### 一　模型假设

（1）供应链中将农户表示为 A 类、龙头企业表示为 B 类，A 类和 B 类统称为信息共享主体。通过信息共享，企业可获得直接收益与协同收益。其中直接收益与两个方面的因素相关：知识共享量 $K$ 与知识吸收效率 $\alpha$，农户和龙头企业的直接收益可分别表示为 $K_B\alpha_A$ 和 $K_A\alpha_B$。将协同收益记为 $w$，若 A、B 双方均参与信息共享，则信息供应双方在直接收益的基础上产生额外的协同收益 $w$；若仅有一方参与信息共享或双方均不参与信息共享，则协同收益为 0。综上，A、B 总收益分别为 $K_B\alpha_A + w$ 与 $K_A\alpha_B + w$。

（2）企业在信息共享时会产生一定共享成本，共享成本与共享量 $K_i(i=A,B)$ 成正比，比例系数记为 $\lambda$。$\lambda$ 的大小与多方面因素相关，例如当信息共享机制比较成熟且信息供应双方信任度较高时，$\lambda$ 的值较小；反之则 $\lambda$ 的值较大。企业进行信息共享时，也会因此面临一些风险，例如当企业信息被泄露时会造成该企业竞争优势下降。将企业信息共享风险成本记为 $F$，则企业进行知识共享的总成本为 $\lambda K_i + F$，$i=A,B$。

（3）在诸多文献中已证实，惩罚机制可用于激励企业进行长期合作。当农户或龙头企业一方共享信息，而另一方使用对方的共享信息却不提供对方信息时，可以通过建立惩罚机制来促使双方同时进行信息共享，未进行信息共享的一方将被施加一个固定惩罚 H，H 越大则表明惩罚力度越强。

## 二 模型构建

根据上述模型假设，可得农户与龙头企业的收益矩阵如表 8-1 所示。

表 8-1　　　　　　　　　　收益矩阵

|  |  | 龙头企业 | |
| --- | --- | --- | --- |
|  |  | 共享 | 不共享 |
| 农户 | 共享 | $K_B\alpha_A + w - \lambda K_A - F$, $K_A\alpha_B + w - \lambda K_B - F$ | $-\lambda K_A - F$, $K_A\alpha_B - H$ |
|  | 不共享 | $K_B\alpha_A - H$, $-\lambda K_B - F$ | 0, 0 |

## 三 复制动态方程

农户群体和龙头企业群体的适应度不仅与支付矩阵相关，还与对方群体内不同策略使用者所占比例相关。假设农户中采取共享信息策略的个体在供应链群体中所占比例为 $x$，$0 \leq x \leq 1$；龙头企业中采取信息共享策略的个体在龙头企业群体中所占比例为 $y$，$0 \leq y \leq 1$，则采取"共享信息"策略的农户个体的期望收益为：

$$E_A^1 = y(K_B\alpha_A + w - \lambda K_A - F) - (1 - y)(\lambda K_A + F) \quad (8-1)$$

而采取"不共享信息"策略的农户个体的期望收益为：

$$E_A^2 = yK_B\alpha_A - yH \quad (8-2)$$

整个农户群体的期望收益为：

$$E_A = xE_A^1 + (1-x)E_A^2 = (1-x)(\lambda K_A + F - yw - yH) \quad (8-3)$$

同理，可计算龙头企业的期望收益。采取"共享信息"策略的龙头企业个体的期望收益为：

$$E_B^1 = x(K_A\alpha_B + w - \lambda K_B - F) - (1-y)(\lambda K_B + F) \quad (8-4)$$

采取"不共享信息"策略的龙头企业个体的期望收益为：

$$E_B^2 = x(K_A\alpha_B - H) \quad (8-5)$$

整个龙头企业群体的期望收益为：

$$E_B = yE_B^1 + (1-y)E_B^2 = (1-y)(\lambda K_B + F - xw - xH) \quad (8-6)$$

由演化博弈复制动态方程得到一个微分动力系统：

$$\begin{cases} \dfrac{dx}{dt} = x(E_A^1 - E_A) = x(1-x)(yw + yH - \lambda K_A - F) \\ \dfrac{dy}{dt} = y(E_B^1 - E_B) = y(1-y)(xw + xH - \lambda K_B - F) \end{cases} \quad (8-7)$$

### 四 平衡点及其稳定性分析

令 $x_0 = \dfrac{\lambda K_B + F}{w + H}$，$y_0 = \dfrac{\lambda K_A + F}{w + H}$，$\dfrac{dx}{dt} = \dfrac{dy}{dt} = 0$，得到微分动力方程 (8-7) 的五个解 $(0, 0)$、$(0, 1)$、$(1, 0)$、$(1, 1)$、$(x_0, y_0)$。因定义域限制，当 $0 < \dfrac{\lambda K_B + F}{w + H} < 1$，$0 < \dfrac{\lambda K_A + F}{w + H} < 1$ 时，$(x_0, y_0)$ 是微分动力方程组的局部平衡解。

可通过分析微分动力系统雅克比矩阵的局部稳定性判断平衡点的稳定性。在向量微积分中雅克比矩阵定义为一阶偏导数排列成的矩阵，微分方程系统 $x$ 的雅克比矩阵为：

$$J = \begin{pmatrix} \dfrac{\partial X}{\partial x} & \dfrac{\partial X}{\partial y} \\ \dfrac{\partial Y}{\partial x} & \dfrac{\partial Y}{\partial y} \end{pmatrix} = \begin{pmatrix} a_{11} & a_{12} \\ a_{21} & a_{22} \end{pmatrix} \quad (8-8)$$

其中，

$$\begin{cases} a_{11} = (1-2x)(yw + yH - \lambda K_A - F); \\ a_{12} = x(1-x)(w + H); \\ a_{21} = y(1-y)(w + H); \\ a_{22} = (1-2y)(xw + xH - \lambda K_B - F) \end{cases} \quad (8-9)$$

若满足条件：(1) $tr(J) = a_{11} + a_{22} < 0$；(2) $|J| = a_{11}a_{22} - a_{12}a_{21} > 0$，则微分动力方程的平衡点 $(x, y)$ 是渐进稳定的，从而 $(x, y)$ 一个演化稳定策略 (ESS)。

下面对五个平衡点是否是演化稳定策略进行分析。

(1) $(0, 0)$ 是演化稳定策略。

$tr(J) = -\lambda K_A - \lambda K_B - 2F < 0$，$|J| = (\lambda K_A + F)(\lambda K_B + F) > 0$

(2) $(1, 0)$ 不是演化稳定策略。

$tr(J) = \lambda(K_A - K_B) + w + H$，因为此时 $B$ 采取"不共享信息"策略，$tr(J) = \lambda K_A + w + H > 0$，从而$(1, 0)$不是演化稳定策略。

（3）$(0, 1)$ 不是演化稳定策略。

$tr(J) = \lambda(K_B - K_A) + w + H$，因为此时 $A$ 采取"不共享信息"策略，$tr(J) = \lambda K_B + w + H > 0$，从而$(1, 0)$不是演化稳定策略。

（4）当 $\lambda K_A + F$，$\lambda K_B + F < w + H$ 时，$(1, 1)$是演化稳定策略。

$$\begin{cases} tr(J) = (\lambda K_A + F - w - H) + (\lambda K_B + F - w - H) \\ |J| = (\lambda K_A + F - w - H)(\lambda K_B + F - w - H) \end{cases} \quad (8-10)$$

显然，当 $\lambda K_A + F$，$\lambda K_B + F < w + H$ 时，$tr(J) < 0$，$|J| > 0$。

（5）$(x_0, y_0)$ 是一个鞍点。

$$\begin{cases} tr(J) = a_{11} + a_{22} = 0; \\ -(\lambda K_A + F)(\lambda K_B + F)\left(1 - \dfrac{\lambda K_A + F}{w + H}\right)\left(1 - \dfrac{\lambda K_B + F}{w + H}\right) < 0 \end{cases} \quad (8-11)$$

## 第三节 数值仿真

为进一步验证风险成本、惩罚力度等因素对农业供应链网络信息共享演化博弈轨迹的影响，本节设计了两组数值仿真实验。第一组实验用于分析不同的惩罚力度对演化轨迹的影响；第二组实验用于分析不同的信息共享风险成本对演化轨迹的影响。

### 一 固定惩罚对演化轨迹的影响

该组数值仿真的实验参数设置如表8-2所示。在表8-2实验参数设置的条件下，随机产生500个初始点，画出每个初始点对应的演化轨迹。

演化轨迹如图8-1所示，当固定惩罚 $H$ 变大时，右上角演化轨迹所占面积变大，而更多的初始位点的演化轨迹以 $(1, 1)$ 为终点。由此可得出结论：增大固定惩罚值可促进农业供应链网络企业之间进行信息共享合作。

表8-2　　　　　　　　第一组数值仿真参数设置

| 参数 | 数值 |
| --- | --- |
| 风险成本 | $F=1$ |
| $A$ 信息共享量 | $K_A=5$ |
| $B$ 信息共享量 | $K_B=10$ |
| 信息共享成本比例系数 | $\lambda=0.2$ |
| 协同收益 | $w=2$ |
| 固定惩罚 | $H=1,2,3,4$ |

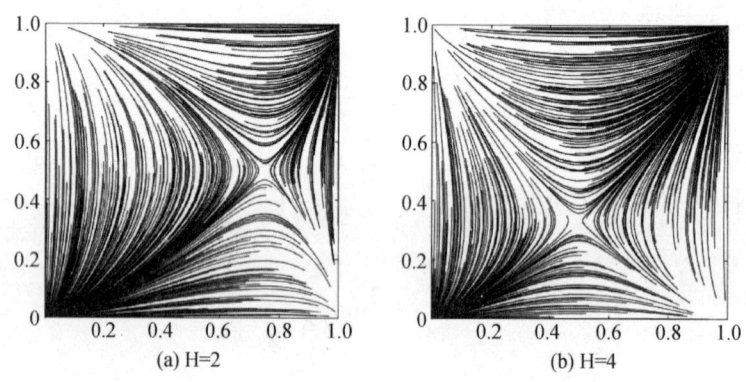

图8-1　固定惩罚值对演化轨迹的影响

为分析固定惩罚对演化终点及演化时间的影响，在表8-2实验参数设置的基础上，选取一个固定的初始点（0.6，0.6），画出在不同惩罚值下 $A$，$B$ 群体共享策略个体比例 $x$，$y$ 随时间变化曲线如图8-2所示。

图8-2中，当惩罚力度变大时，初始点（0.6，0.6）的演化轨迹终点由（0，0）变为（1，1），这说明加大惩罚力度可促进合作的产生。对比（c）、（d）可知，当惩罚力度变大时，企业达成合作的时间由 $t\approx4$ 下降到 $t\approx2$，说明增大惩罚力度可加快合作达成的进程。对比（a）至（d）中两条曲线发现，代表龙头企业的曲线始终在代表农户的曲线之下，说明农户更加具有合作的意愿。表8-2中 $K_A=5$，$K_B=10$，龙头企业所提供的信息量比农户提供的信息量大。由此可知，博弈双方中信息获益更大的一方更加具有合作意愿。

第七章 农业供应链网络信息共享演化博弈研究 | 133

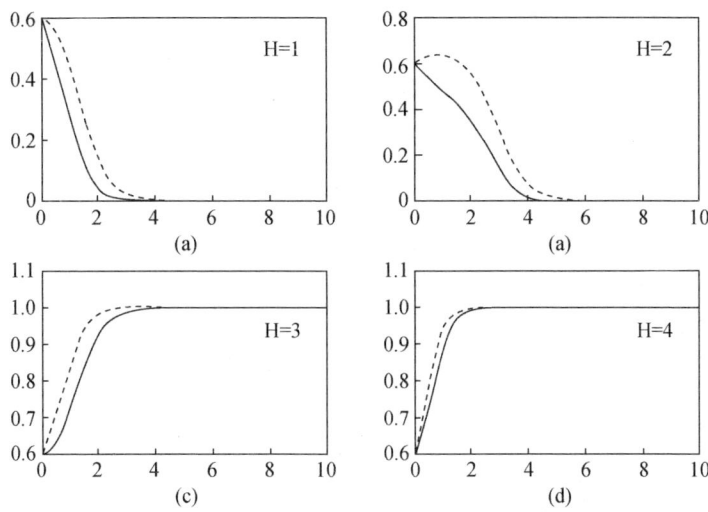

**图 8-2 不同惩罚力度下"共享信息"策略个体所占比例变化趋势**

图 8-3 反映了企业达成信息共享合作所需时间随惩罚力度的变化曲线。这里将达成信息合作的时间定义为：

$$T = \max(\min_{t_x} |x(t_x) - 1| < \theta), \min_{t_y} |y(t_y) - 1| < \theta))$$

其中，$\theta$ 取值为 0.001。由图 8-3 可知，惩罚力度 H 与达成合作

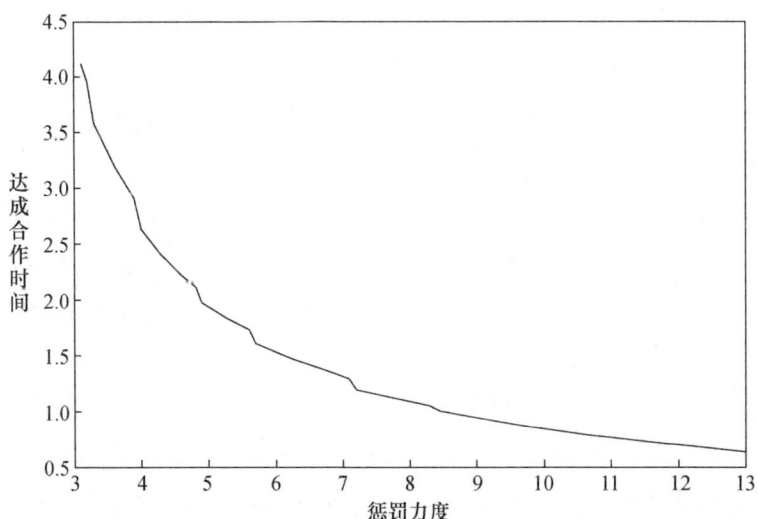

**图 8-3 达成合作时间随惩罚力度变化曲线**

所需时间 T 的函数关系近似对数函数。图 8-3 中曲线的波动可能是因数值计算的误差所造成的。

## 二 风险成本对演化轨迹的影响

该组数值仿真的实验参数设置如表 8-3 所示。

表 8-3　　　　　　　　第二组数值仿真参数设置

| 参数 | 数值 |
| --- | --- |
| 风险成本 | $F = 1, 2, 3, 4$ |
| A 信息共享量 | $K_A = 5$ |
| B 信息共享量 | $K_B = 10$ |
| 信息共享成本比例系数 | $\lambda = 0.2$ |
| 协同收益 | $w = 2$ |
| 固定惩罚 | $H = 4$ |
| 初始点 | (0.6, 0.6) |

在表 8-3 实验参数设置的条件下，随机产生 500 个初始点，画出每个初始点对应的演化轨迹。演化轨迹如图 8-4 所示，其中，(a) $F = 1$；(b) $F = 3$。从图 8-4 中可知，当风险成本 $F$ 变大时，向右上角演化轨迹所占面积变小。从而更少的初始位点的演化轨迹以 (1, 1) 为终点。由此可得出结论：较大的信息共享风险成本会抑制农业供应链网络企业之间进行信息共享合作。

类似于实验一，为分析风险成本对演化终点及演化时间的影响，在表 8-3 实验参数设置的基础上，选取一个固定的初始点 (0.6, 0.6)，画出在不同风险成本大小下 A，B 群体共享策略个体比例 $x$, $y$ 随时间变化曲线如图 8-5 所示。

图 8-5 中，当风险成本变大时，初始点 (0.6, 0.6) 的演化轨迹终点由 (1, 1) 变为 (0, 0)，这说明较大的信息共享风险成本会抑制企业合作的产生。对比 (a)、(b) 可知，风险成本变大时，企业达成合作的时间由 $t \approx 2$ 上升到 $t \approx 4$，说明较大的信息共享风险成本

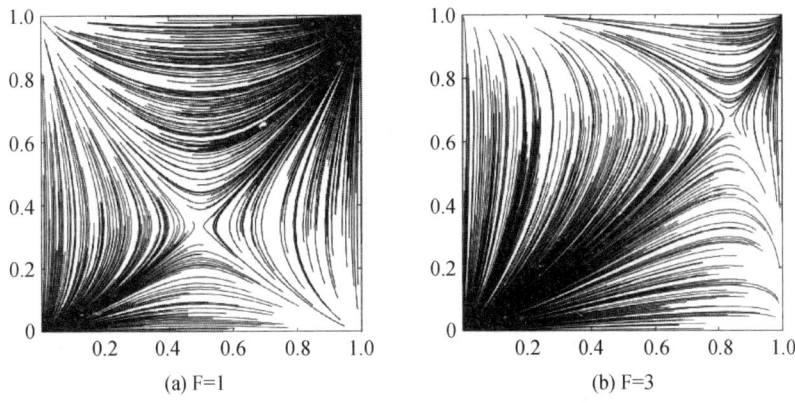

图 8-4　风险成本对演化轨迹的影响

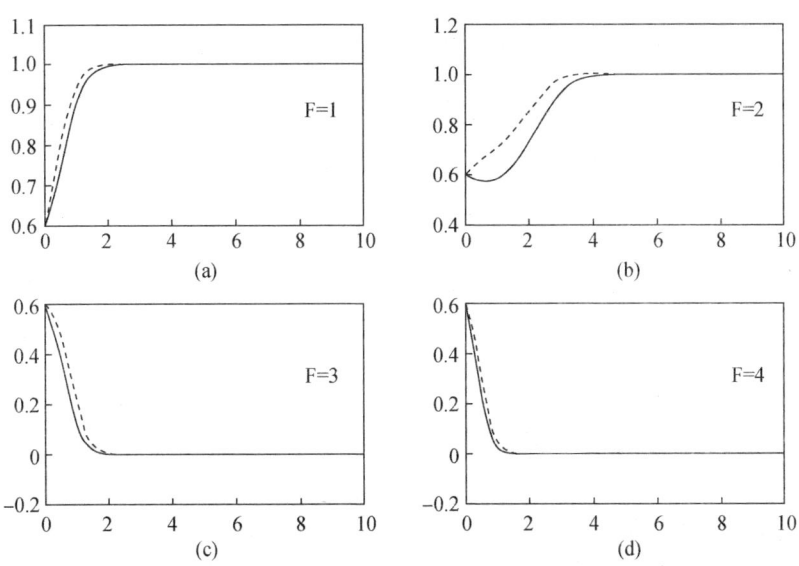

图 8-5　不同风险成本下"共享信息"策略个体所占比例变化趋势

会减缓企业合作达成的进程。图 8-5 中实曲线同样始终在虚曲线之下，进一步验证了博弈双方中信息获益更大的一方更加具有合作意愿。

## 第四节 带记忆遗传算法的信息共享演化博弈

农业供应链网络中各个体之间信息共享博弈时,博弈双方往往会考虑历史上的博弈记录作为制定博弈策略的参考,即农业供应链网络上的节点通常是有记忆的。在博弈过程中,节点通常会比较自身和邻居节点的收益,模仿收益较高的邻居节点的博弈行为,或者对若干邻居节点的博弈行为进行综合,并在一定概率下对得到的综合结果突变,作为自身在下一个博弈迭代中制定博弈策略的行为标准。这种博弈演化方式可以用带记忆的遗传算法描述。因此,本节利用带记忆的遗传算法研究农业供应链网络上的演化博弈过程,利用农业供应链网络中信息共享策略的比例描述农业供应链网络状态变化动态过程,并针对不同的网络类型、不同的突变概率和不同的惩罚力度进行仿真分析。

农业供应链复杂网络中,若节点与节点之间存在连边,则表明两节点之间存在合作关系,存在信息共享博弈。在每一次迭代中,所有节点同时与其所有邻居节点进行博弈。博弈双方所采取的策略与双方历史上最近三轮博弈所采取的策略相关。假设农业供应链复杂网络上每个节点的总收益是与所有邻居节点进行博弈的收益之和。两个企业博弈时,所获得的收益可分为直接收益与协同收益。直接收益与知识共享量 $K$ 和知识吸收效率 $\alpha$ 成正比。若博弈双方均采取信息共享策略,则产生协同收益 $w$。农业供应链复杂网络上的企业之间进行信息共享的成本为 $\lambda K$,其中 $\lambda$ 是一个常数,表示比例系数。当博弈双方仅有一方共享信息时,不进行信息共享的企业将受到惩罚 $H$,$H$ 越大则惩罚力度越强。企业信息共享风险成本为 $F$。博弈双方的收益由四部分相加得到:直接收益、协同收益、信息共享成本以及惩罚力度,其收益矩阵如表 8-4 所示。

表 8-4　　　　　　　　　　　　收益矩阵

|  |  | 龙头企业 ||
| --- | --- | --- | --- |
|  |  | 共享 | 不共享 |
| 共享　不共享 |  | $K\alpha + w - \lambda K - F$, $K\alpha + w - \lambda K - F$<br>$K\alpha - H$, $-\lambda K - F$ | $-\lambda K - F$, $K\alpha - H$<br>0, 0 |

在以往的研究中，个体之间的博弈通常不考虑博弈的历史。而实际的博弈过程中，策略的选择不仅考虑到当前收益矩阵，还会考虑到历史博弈策略。假设每个个体与其有连边的企业之间博弈，且能记住自身以及对方三轮的博弈历史作为制定博弈策略的参考依据。两个个体（A 和 B）间的博弈策略记忆构成如表 8-5 所示的记忆表。

表 8-5　　　　　　　复杂网络上供应链企业记忆表

| 倒数第一轮自身策略 | 倒数第一轮对方策略 | 倒数第二轮自身策略 | 倒数第二轮对方策略 | 倒数第三轮自身策略 | 倒数第三轮对方策略 |
| --- | --- | --- | --- | --- | --- |
| $b_A^1$ | $b_B^1$ | $b_A^2$ | $b_B^2$ | $b_A^3$ | $b_B^3$ |

其中，$b_{alphabet}^i \in \{0, 1\}$，$i = 1, 2, 3$；$alphabet = A, B$，0 代表策略"不进行信息共享"；1 代表策略"进行信息共享"。设 $B = (b_A^1, b_B^1, b_A^2, b_B^2, b_A^3, b_B^3)$，则 B 的取值范围从 $(0, 0, 0, 0, 0, 0)$ 到 $(1, 1, 1, 1, 1, 1)$，共 64 种取值，每种取值对应一种记忆状态。对每种记忆状态进行编号，编号规则为：

$$N(B) = 2^5 b_A^1 + 2^4 b_B^1 + 2^3 b_A^2 + 2^2 b_B^2 + 2 b_A^3 + b_B^3 \quad (8-12)$$

实际上相当于把二进制记忆编码映射为十进制记忆编码。例如，$B = (0, 0, 0, 0, 0, 0)$ 对应的编码为 0；$B = (1, 1, 1, 1, 1, 1)$ 对应的编码为 63。

带记忆的遗传算法流程：

（1）染色体编码。将染色体编码为 64 位 0, 1 向量，对应 64 种记忆下的策略。记为 $S = (s_1, s_2, \cdots, s_{64})$。例如 $S = (0, 0, \cdots, 0)$ 表示，无论历史的博弈记忆如何，个体始终保持不共享信息策略；而

$S=(1, 1, \cdots, 1)$ 则表示，无论历史博弈记忆如何，个体始终保持共享信息策略。不同的染色体共有 $2^{64}$ 种。

（2）初始化。随机为农业供应链复杂网络中的每个节点分配一个 $S$ 值。网络中所有节点前三轮的博弈历史随机选取。设置带记忆的遗传算法的参数，包括交叉概率、变异概率、收益矩阵、迭代收敛条件等。

（3）选择。计算网络中每个节点的平均博弈收益值，作为该节点的适应度。根据每个节点邻居节点的适应度大小随机选择两个节点，以这两个邻居节点的染色体作为该节点的父染色体。

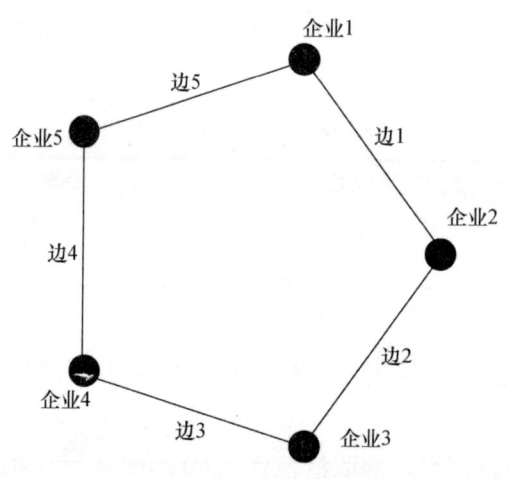

图 8-6　网络拓扑结构

（4）交叉与变异。父节点以一定的概率进行交叉和重组产生两个新的染色体，任选其中一个染色体以一定的概率进行变异操作，产生一个新的染色体作为该节点的下一个迭代中的染色体。

（5）记录每个节点当前的博弈策略选择，在下一个迭代过程中更新每个节点的历史博弈表。

（6）若达到迭代收敛条件（适应度变化率值小于阈值 0.001，或迭代次数大于 1000），则跳出遗传算法，否则重复（3）—（6）

## 第七章 农业供应链网络信息共享演化博弈研究 | 139

步骤。

为进一步解释带记忆的遗传算法工作过程,本节以 5 个节点的网络为例,截取其中一个迭代过程进行描述。5 个节点的拓扑网络如图 8-6 所示。

5 个节点的染色体如下所示:

$S^1$ = [1, 0, 1, 0, 1, 1, 1, 1, 1, 1, 1, 1, 1, 0, 0, 0, 0, 0, 0, 1, 1, 1, 1, 1, 0, 0, 0, 0, 1, 1, 1, 1, 1, 0, 0, 0, 0, 0, 1, 1, 1, 1, 1, 0, 0, 0, 0, 0, 1, 1, 1, 1, 1, 0, 0, 0, 0, 0, 1, 1, 1, 1, 1],

$S^2$ = [0, 0, 1, 1, 1, 1, 0, 1, 1, 0, 1, 1, 1, 0, 0, 1, 0, 1, 0, 1, 0, 1, 0, 0, 0, 1, 0, 1, 1, 0, 1, 1, 1, 0, 0, 0, 0, 1, 1, 0, 1, 0, 0, 0, 0, 1, 0, 0, 1, 1, 1, 1, 0, 0, 1, 0, 1, 1, 1, 1, 1],

$S^3$ = [0, 0, 1, 0, 0, 0, 1, 0, 0, 1, 1, 1, 1, 0, 1, 0, 1, 0, 1, 1, 1, 1, 1, 1, 1, 0, 0, 0, 0, 1, 1, 1, 1, 1, 0, 0, 0, 0, 0, 1, 1, 1, 1, 1, 0, 1, 0, 1, 0, 1, 0, 1, 1, 0, 1, 0, 1, 0, 1, 1, 1, 1, 0],

$S^4$ = [1, 1, 1, 1, 1, 1, 1, 1, 1, 1, 1, 1, 1, 1, 1, 1, 1, 1, 1, 1, 1, 1, 1, 1, 1, 1, 1, 1, 1, 1, 1, 1, 1, 1, 1, 1, 1, 1, 1, 1, 1, 1, 1, 1, 1, 1, 1, 1, 1, 1, 1, 1, 1, 1, 1, 1, 1, 1, 1, 1, 1, 1, 1],

$S^5$ = [1, 1, 1, 1, 1, 1, 1, 1, 1, 1, 1, 1, 1, 1, 1, 1, 1, 1, 1, 1, 1, 1, 1, 1, 1, 1, 1, 1, 1, 1, 1, 1, 1, 1, 1, 1, 1, 1, 1, 1, 1, 1, 1, 1, 1, 1, 0, 0, 0, 0, 0, 0, 0, 0, 0, 0, 0, 0, 0, 0, 0, 0, 0]。

个体 1 记录了与个体 2 和个体 5 的博弈历史,分别为 $B_{1,2}$ = [1, 1, 0, 0, 1, 0],$B_{1,5}$ = [0, 0, 0, 1, 1, 1];个体 2 记录了与个体 1 和个体 3 的博弈历史,分别为 $B_{2,1}$ = [1, 1, 0, 0, 0, 1],$B_{2,3}$ = [0, 0, 1, 1, 0, 1];个体 3 记录了与个体 2 和个体 4 的博弈历史,分别为 $B_{3,2}$ = [0, 0, 1, 1, 1, 0],$B_{3,4}$ = [1, 1, 1, 1, 1, 1, 1];

个体 4 记录了与个体 3 和个体 5 的博弈历史，分别为 $B_{4,3}=[1,1,1,1,1,1]$，$B_{4,5}=[0,0,0,0,0,0]$；个体 5 记录了与个体 4 和个体 1 的博弈历史，分别为 $B_{5,4}=[0,0,0,0,0,0]$，$B_{5,1}=[0,0,1,0,1,1]$。假设收益矩阵如表 8-6 所示。

表 8-6　　　　　　　　　　收益矩阵实例

|  |  | 龙头个体 ||
|---|---|---|---|
|  |  | 共享 | 不共享 |
| 农户 | 共享 | 2, 2 | -1, 3 |
|  | 不共享 | 3, -1 | 0, 0 |

按照式 (8-12)，$B_{1,2}=[1,1,0,0,1,0]$ 转化为数字 50，则个体 1 与个体 2 博弈时所采取的策略为第 51 位数字：1，即共享信息。同理，$B_{2,1}=[1,1,0,0,0,1]$ 转化为数字 49，个体 2 在于个体 1 中所采取的策略为 $S^2$ 的第 50 位数字 0，即不共享信息。由收益矩阵可知，个体 1 与个体 2 的博弈过程中，个体 1 的收益为 -1，个体 2 的收益为 3。同理得到个体 2 与个体 3 博弈过程中两者收益分别为 -1 和 3；个体 3 与个体 4 博弈过程中两者收益分别为 -1 和 3；个体 4 与个体 5 博弈过程中两者收益分别为 2 和 2；个体 5 与个体 1 博弈过程中两者收益分别为 2 和 2。从而个体 1 至个体 5 的适应度分别为 0.5、1、1、2.5、2。因为适应度会出现负值，本节将适应度从小到大进行排序，则在选择父染色体时，某节点被选择的概率与其序号的数值成正比，例如个体 1 至个体 5 被选作个体 1 父染色体概率分别为 1/15、2/15、3/15、5/15 与 4/15。

本节拟进行三项数值仿真，每项数值仿真实验中参数设置为风险成本 $F=1$、个体共享信息量 $K=10$、信息共享成本比例系数 $\lambda=0.2$、协同收益 $w=2$、交叉概率 $cp=0.3$、突变概率网络节点个数 $N=100$、固定惩罚 $H=8$，突变概率 $mp=0.1$，拓扑结构为随机重连网络（重连概率为 0.2）。采用共享信息个体所占总体的比例衡量信息共享演化博弈的动态变化过程。每一对个体进行博弈时的收益矩阵由仿真实验中设置的参数以及表8-6中的收益矩阵表达式计算。

## 一 网络拓扑结构对演化博弈的影响

该仿真实验是为了研究拓扑结构对农业供应链网络信息共享演化博弈的影响,在控制其他参数不变的情况下,拓扑结构参数分别采用规则网络与随机重连网络(重连概率为0.2),规则网络的拓扑图如图8-7所示,其中每个节点与左右相邻的各两个点相连,平均度值为4。随机重连网络是在规则网络的基础上,以概率0.2对每条边随机选择一个节点重新连接,其网络拓扑图如图8-8所示,随机重连网络具有小世界性质,网络节点的平均度值为4。

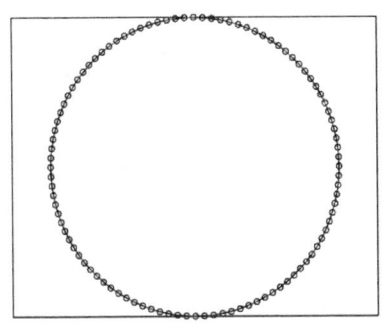

图8-7 规则网络

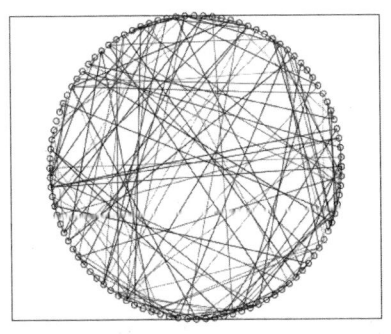

图8-8 随机重连网络

每轮博弈过程中复杂网络上共进行200次博弈,包含400个纯博弈策略（共享信息策略或不共享信息策略）。记录每次迭代过程中共享信息策略所占比例，共进行 1000 次迭代，得到共享信息频率变化如图 8-9 所示。图 8-9 中 (a) 表示规则网络的频率变化图；图 8-9 中 (b) 表示随机重连网络的频率变化图。对比图 8-9 (a) 和 (b) 可知，规则网络上的频率变化近似一条直线，而随机重连网络的频率变化存在很多"平台期"。两种网络上共享信息频率均趋近于 1，说明网络上采取合作策略的情形越来越多。而频率变化曲线的波动性是由染色体突变造成的。真实的农业供应链网络往往不是规则网络，而是具有随机重连网络的小世界性质的一种网络结构。因此在采取一定措施促进信息共享的进程中，很可能陷入类似仿真实验中的"平台期"。当陷入平台期时，应继续坚定原有政策，推进信息共享合作的发展。

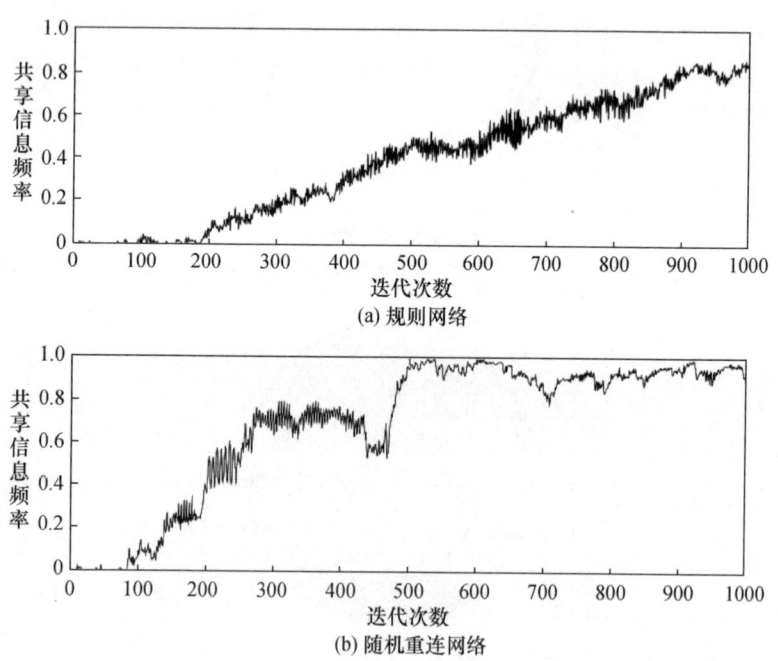

图 8-9　不同网络拓扑结构下农业供应链网络演化对比

## 二 染色体突变概率对演化博弈的影响

该仿真实验是为了研究染色体突变概率对信息共享演化博弈的影响，在控制其他参数不变的情况下，染色体突变概率分别取 0.1 与 0.3，仿真结果如图 8-10 所示。图 8-10（a）（突变概率为 0.1）中频率的收敛速度明显比图 8-10（b）（突变概率为 0.3）慢，而图 8-10（a）中曲线收敛后更加稳定。这可以理解为，在一群非合作个体当中，总会由突变产生一些合作者，合作者等待适当时机才能得以生存，而较高的染色体突变概率可以更快地产生适合合作者生存的环境。在农业供应链网络中，突变意味着个体的改革，突变概率意味着个体改革的意愿大小。为促进合作产生，应积极鼓励个体改变原有的非信息共享政策，当采取信息共享策略的个体达到一定初始比例时，共享信息的优势就会显现，农业供应链网络中采取信息共享策略的比例也会得到飞速发展。

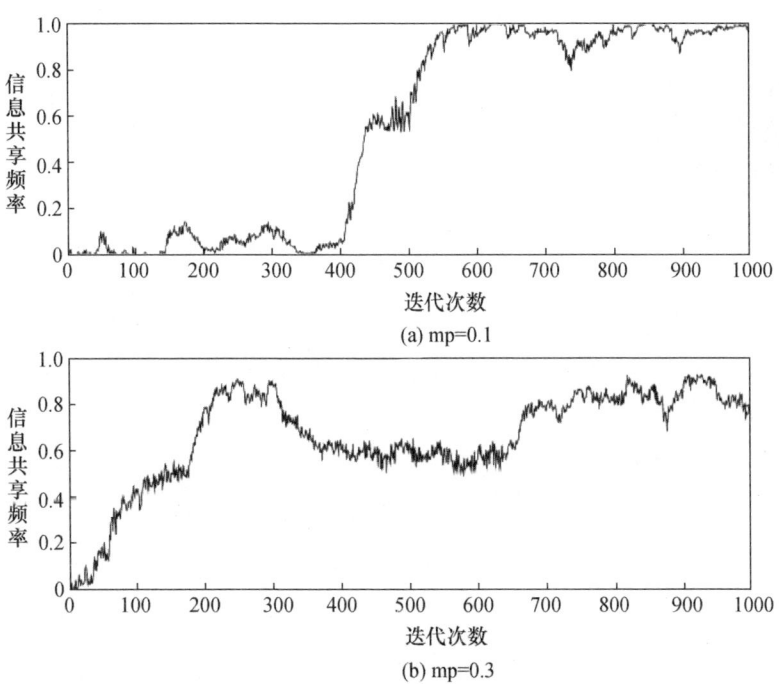

图 8-10 不同突变频率下农业供应链网络演化对比

### 三 惩罚力度对演化博弈的影响

该仿真实验是为了研究惩罚力度对信息共享演化博弈的影响，在控制其他参数不变的情况下，惩罚力度分别取 0 与 8。图 8-11（a）表示惩罚力度为 0 时的信息共享频率曲线，图 8-11（b）表示惩罚力度为 8 时的信息共享频率曲线。对比图 8-11（a）和（b）可知，提高惩罚力度有利于农业供应链复杂网络上的合作产生。

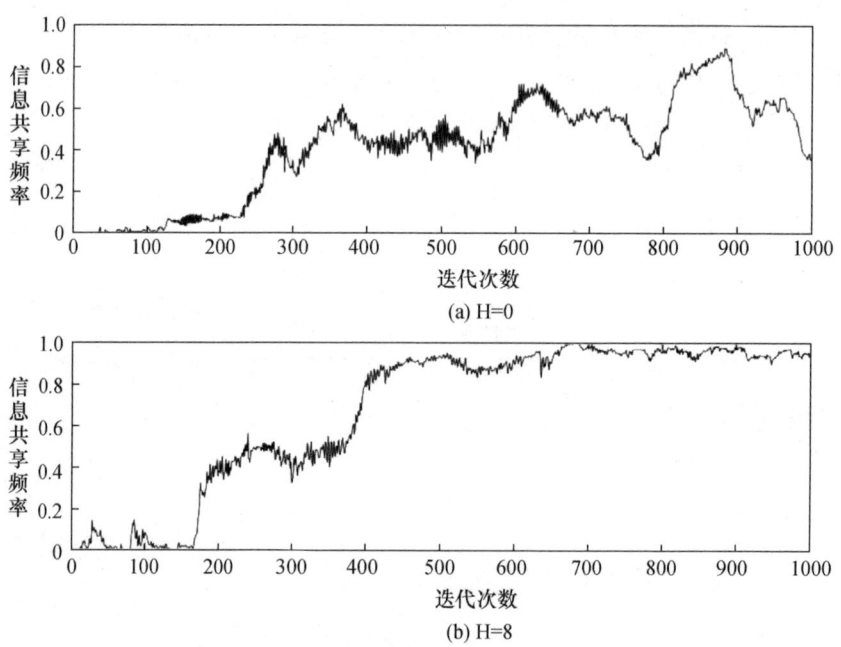

**图 8-11 不同惩罚力度下农业供应链网络演化对比**

# 附 录

## 附录1 育苗成本调查表（汇总表）

调查时间：____年__月__日　　调查地点：_____　　调查人：_____

调查对象：_____　　联系方式：_____　　育苗数量：_____

可供面积：_____　　育苗棚规模：_____

生产组织形式：_____　　生产方式：_____

| 投入要素 | 投入主体名称 | 烟草公司 | 生产主体 | 政府 | 合计 | 备注 |
|---|---|---|---|---|---|---|
| 物资与服务费用 | （一）直接费用 | | | | | |
| | 1. 种子费 | | | | | |
| | 2. 育苗肥费 | | | | | |
| | 3. 农家肥费 | | | | | |
| | 4. 农药费 | | | | | |
| | 5. 农膜费 | | | | | |
| | 6. 燃料动力费 | | | | | |
| | 7. 工具材料费 | | | | | |
| | 8. 修理维护费 | | | | | |
| | 9. 其他直接费用 | | | | | |
| | （二）间接费用 | | | | | |
| | 1. 固定资产折旧 | | | | | |
| | 2. 保险费 | | | | | |
| | 3. 管理费 | | | | | |
| | 4. 财务费 | | | | | |
| 人工成本 | 雇工费用 | | | | | |
| | 家庭用工折价 | | | | | |
| 土地成本 | 自营地折租 | | | | | |
| | 流转地租金 | | | | | |
| | 其他成本 | | | | | |
| | 总成本 | | | | | |

## 附录1.1 育苗阶段物资与服务费投入调查表

| 投入要素 \ 投入主体 详细情况 | 单位 | 烟草公司 单价 | 烟草公司 数量 | 烟草公司 金额 | 生产主体 单价 | 生产主体 数量 | 生产主体 金额 | 政府 单价 | 政府 数量 | 政府 金额 | 合计 | 备注 |
|---|---|---|---|---|---|---|---|---|---|---|---|---|
| **(一) 直接费用** | | | | | | | | | | | | |
| 1. 种子费用 | | | | | | | | | | | | |
| 云烟85 | 包 | | | | | | | | | | | |
| 云烟87 | 包 | | | | | | | | | | | |
| 南江3号 | 包 | | | | | | | | | | | |
| 兴烟1号 | 包 | | | | | | | | | | | |
| K326 | 包 | | | | | | | | | | | |
| 毕纳1号 | 包 | | | | | | | | | | | |
| 其他种子: | | | | | | | | | | | | |
| **种子费用合计** | | | | | | | | | | | | |
| 2. 育苗肥投入 | | | | | | | | | | | | |
| 基质 | 袋 | | | | | | | | | | | |
| 育苗肥 | 公斤 | | | | | | | | | | | |
| 其他肥料: | 公斤 | | | | | | | | | | | |
| **育苗肥投入合计** | | | | | | | | | | | | |
| 3. 农药投入 | | | | | | | | | | | | |
| 金毒冠 | 包 | | | | | | | | | | | |
| 密达 | 克 | | | | | | | | | | | |
| 金菊 | 瓶 | | | | | | | | | | | |
| 吗呱乙酸铜 | 包 | | | | | | | | | | | |
| 移栽灵 | 瓶 | | | | | | | | | | | |
| 二氧化氯 | 克 | | | | | | | | | | | |
| 草甘磷 | 包 | | | | | | | | | | | |
| 其他农药: | | | | | | | | | | | | |
| **农药投入合计** | | | | | | | | | | | | |
| 4. 农膜费 | | | | | | | | | | | | |
| 池膜 | 公斤 | | | | | | | | | | | |
| 棚膜 | 公斤 | | | | | | | | | | | |
| 5. 燃料动力费 | | | | | | | | | | | | |
| 燃油 | 公升 | | | | | | | | | | | |
| 润滑油 | 公升 | | | | | | | | | | | |
| 电费 | 度 | | | | | | | | | | | |

续表

| 投入要素 \ 投入主体 / 详细情况 | 单位 | 烟草公司 单价 | 烟草公司 数量 | 烟草公司 金额 | 生产主体 单价 | 生产主体 数量 | 生产主体 金额 | 政府 单价 | 政府 数量 | 政府 金额 | 合计 | 备注 |
|---|---|---|---|---|---|---|---|---|---|---|---|---|
| 水费 | 吨 | | | | | | | | | | | |
| **其他燃料动力费** | | | | | | | | | | | | |
| 6. 工具材料费 | | | | | | | | | | | | |
| 浮盘（按三年摊销） | 个 | | | | | | | | | | | |
| 砖头 | 块 | | | | | | | | | | | |
| 剪刀 | 把 | | | | | | | | | | | |
| 电线 | 米 | | | | | | | | | | | |
| 扫把 | 把 | | | | | | | | | | | |
| 桶 | 个 | | | | | | | | | | | |
| 盆 | 个 | | | | | | | | | | | |
| 其他工具材料 | | | | | | | | | | | | |
| 7. 修理维护费 | | | | | | | | | | | | |
| 农机具维修费 | | | | | | | | | | | | |
| 育苗棚维修费 | | | | | | | | | | | | |
| 8. 运输费 | | | | | | | | | | | | |
| **其他直接费用** | | | | | | | | | | | | |
| **（二）间接费用** | | | | | | | | | | | | |
| 1. 固定资产折旧 | | | | | | | | | | | | |
| 建筑物 | 年 | | | | | | | | | | | |
| 育苗大棚 | 年 | | | | | | | | | | | |
| 播种机 | 年 | | | | | | | | | | | |
| 喷雾机 | 年 | | | | | | | | | | | |
| 电动式喷雾机 | 年 | | | | | | | | | | | |
| 手动式喷雾器 | 年 | | | | | | | | | | | |
| 剪叶机 | 年 | | | | | | | | | | | |
| 其他固定资产： | | | | | | | | | | | | |
| 2. 保险费 | | | | | | | | | | | | |
| 3. 管理费 | | | | | | | | | | | | |
| 4. 财务费 | | | | | | | | | | | | |
| 其他物资服务费 | | | | | | | | | | | | |
| **费用合计** | | | | | | | | | | | | |

## 附录1.2 育苗阶段人工成本投入调查表

| 投入主体 / 投入明细 | 单位 | 烟草公司 - 雇工用工 - 单价 | 数量 | 折合用工数量 | 金额（元） | 生产主体 - 雇工用工 - 单价 | 数量 | 折合用工数量 | 金额（元） | 家庭用工 - 单价 | 数量 | 折合用工数量 | 金额（元） | 合计 | 备注 |
|---|---|---|---|---|---|---|---|---|---|---|---|---|---|---|---|
| 1. 浮盘消毒 | 工 | | | | | | | | | | | | | | |
| 2. 育苗棚建设或修理 | 工 | | | | | | | | | | | | | | |
| 3. 平整土地 | 工 | | | | | | | | | | | | | | |
| 4. 育苗池建设 | 工 | | | | | | | | | | | | | | |
| 5. 大棚消毒 | 工 | | | | | | | | | | | | | | |
| 6. 铺膜注水 | | | | | | | | | | | | | | | |
| 7. 装盘播种 | 工 | | | | | | | | | | | | | | |
| 8. 施肥 | 工 | | | | | | | | | | | | | | |
| 9. 打药、消毒 | 工 | | | | | | | | | | | | | | |
| 10. 匀间苗 | 工/盘 | | | | | | | | | | | | | | |
| 11. 剪叶 | | | | | | | | | | | | | | | |
| 　第一次剪叶 | 工/盘 | | | | | | | | | | | | | | |
| 　第二次剪叶 | 工 | | | | | | | | | | | | | | |
| 　第三、四次剪叶 | 工 | | | | | | | | | | | | | | |
| 12. 销毁苗 | 个 | | | | | | | | | | | | | | |
| 13. 回收浮盘 | 个 | | | | | | | | | | | | | | |
| 14. 清洗浮盘 | 工 | | | | | | | | | | | | | | |
| 15. 日常管理 | 工 | | | | | | | | | | | | | | |
| 合计 | | | | | | | | | | | | | | | |

### 附录1.3 育苗阶段土地成本投入调查表

| 投入明细 \ 投入方式 \ 投入主体 | 生产主体 | | 合计 | 备注 |
|---|---|---|---|---|
| | 流转地 | 自营地 | | |
| 数量（亩） | | | | |
| 单价（元/亩） | | | | |
| 金额（元） | | | | |
| 合计 | | | | |

## 附录2 移栽阶段成本调查表（汇总表）

调查时间：____年__月__日　　调查地点：_____　　调查人：_____

调查农户：_____　　联系方式：_____　　种植面积：_____亩

生产组织形式：_____　　调查时间：_____　　生产方式：_____

| 投入要素 \ 名称 \ 投入主体 | | 烟草公司 | 烟农 | 合作社 | 政府 | 合计 | 备注 |
|---|---|---|---|---|---|---|---|
| | （一）直接费用 | | | | | | |
| 物资与服务费用 | 1. 烟苗成本 | | | | | | |
| | 2. 化肥费 | | | | | | |
| | 3. 农家肥费 | | | | | | |
| | 4. 农药费 | | | | | | |
| | 5. 农膜费 | | | | | | |
| | 6. 租赁作业费 | | | | | | |
| | 7. 燃料动力费 | | | | | | |
| | 8. 技术咨询费 | | | | | | |
| | 9. 工具材料费 | | | | | | |
| | 10. 修理维护费 | | | | | | |
| | 11. 其他直接费用 | | | | | | |
| | （二）间接费用 | | | | | | |
| | 1. 固定资产折旧 | | | | | | |
| | 2. 管理费 | | | | | | |
| | 3. 财务费 | | | | | | |
| 人工成本 | 家庭用工折价 | | | | | | |
| | 雇工费用 | | | | | | |
| 土地成本 | 流转地租金 | | | | | | |
| | 自营地折租 | | | | | | |
| 其他成本 | | | | | | | |
| 总成本 | | | | | | | |

## 附录2.1 移栽阶段物资服务费投入调查表

| 投入要素 \ 投入主体 / 详细情况 | | 单位 | 烟草公司 | | | 生产主体 | | | 政府 | | | 合计 | 备注 |
|---|---|---|---|---|---|---|---|---|---|---|---|---|---|
| | | | 数量 | 单价 | 金额 | 数量 | 单价 | 金额 | 数量 | 单价 | 金额 | | |
| **（一）直接费用** | | | | | | | | | | | | | |
| 1. 烟苗采购成本 | 烟苗购买费用 | 盘 | | | | | | | | | | | |
| | 烟苗运输费 | | | | | | | | | | | | |
| 2. 化肥采购成本 | ①磷肥 | 公斤 | | | | | | | | | | | |
| | ②钾肥 | 公斤 | | | | | | | | | | | |
| | ③农家肥 | 公斤 | | | | | | | | | | | |
| | 其他： | | | | | | | | | | | | |
| | 化肥运输费 | | | | | | | | | | | | |
| 3. 农药投入 | 除草剂 | | | | | | | | | | | | |
| 4. 租赁作业费 | 专业化整地起垄费 | 亩 | | | | | | | | | | | |
| | 机械作业费 | 亩 | | | | | | | | | | | |
| | 排灌费 | 亩 | | | | | | | | | | | |
| | 其中：水费 | 吨 | | | | | | | | | | | |
| 5. 燃料动力费 | 燃油 | 公升 | | | | | | | | | | | |
| | 其他： | | | | | | | | | | | | |
| 6. 工具材料费 | 地膜 | | | | | | | | | | | | |
| | 水桶 | | | | | | | | | | | | |
| | 其他： | | | | | | | | | | | | |
| 7. 修理维护费 | 农机具维修费 | | | | | | | | | | | | |
| 8. 其他直接费用 | | | | | | | | | | | | | |
| **（二）间接费用** | | | | | | | | | | | | | |
| 1. 固定资产折旧 | 拖拉机 | 台班 | | | | | | | | | | | |
| | 三轮车 | 台班 | | | | | | | | | | | |
| | 小型旋耕机 | 台班 | | | | | | | | | | | |
| | 喷雾器 | 台班 | | | | | | | | | | | |
| | 其他固定资产： | | | | | | | | | | | | |
| 2. 管理费 | | | | | | | | | | | | | |
| 3. 财务费 | | | | | | | | | | | | | |
| 其他物资服务费 | | | | | | | | | | | | | |
| **费用合计** | | | | | | | | | | | | | |

## 附录 2.2 移栽阶段人工成本投入调查表

| 投入主体 | 单位 | 烟农 ||||||| 备注 |
| | | 家庭用工 ||| 雇工用工 ||| 合计 | |
| 用工项目 / 用工方式及详细情况 | | 用工数量 | 用工单价 | 折合用工数量 | 金额（元） | 用工数量 | 用工单价 | 折合用工数量 | 金额（元） | | |
|---|---|---|---|---|---|---|---|---|---|---|---|
| 1. 整地用工 | 工 | | | | | | | | | | |
| 2. 起垄用工 | 工 | | | | | | | | | | |
| 3. 施肥用工 | 工 | | | | | | | | | | |
| 4. 打穴用工 | 工 | | | | | | | | | | |
| 5. 移栽用工 | 工 | | | | | | | | | | |
| 6. 覆膜用工 | 工 | | | | | | | | | | |
| 7. 施药用工 | 工 | | | | | | | | | | |
| 8. 浇水用工（含运水）| 工 | | | | | | | | | | |
| 9. 物资运输用工 | 工 | | | | | | | | | | |
| 10. 补苗用工 | 工 | | | | | | | | | | |
| 11. 其他用工 | 工 | | | | | | | | | | |
| 合计 | | | | | | | | | | | |

注：单位用"工"表示的意思分别为：用工数量即该项目用了多少个工；用工单价即该项目一个工多少钱；折合用工数量即指前面的用工数量中全部折合成中年劳动力后的用工数量；金额=用工单价×折合用工数量。

### 附录 2.3　移栽阶段土地成本投入调查表

| 投入明细 \ 投入主体 | 投入方式 | 生产主体 流转地 | 自营地 | 合计 | 备注 |
|---|---|---|---|---|---|
| 数量（亩） | | | | | |
| 单价（元/亩） | | | | | |
| 金额（元） | | | | | |
| 合计 | | | | | |

## 附录 3　大田管理阶段成本调查表（汇总表）

调查时间：___年___月___日　　调查地点：_____　　调 查 人：_____
调查农户：_____　　联系方式：_____　　种植面积：_____亩
生产方式：_____

| 投入要素 \ 投入主体 | 名称 | 烟草公司 | 烟农 | 政府 | 合计 | 备注 |
|---|---|---|---|---|---|---|
| 物资与服务费用 | （一）直接费用 | | | | | |
| | 1. 化肥费 | | | | | |
| | 2. 农药费 | | | | | |
| | 3. 租赁作业费 | | | | | |
| | 4. 燃料动力费 | | | | | |
| | 5. 技术咨询费 | | | | | |
| | 6. 工具材料费 | | | | | |
| | 7. 修理维护费 | | | | | |
| | 8. 其他直接费用 | | | | | |
| | （二）间接费用 | | | | | |
| | 1. 固定资产折旧 | | | | | |
| | 2. 管理费 | | | | | |
| | 3. 财务费 | | | | | |
| 人工成本 | 家庭用工折价 | | | | | |
| | 雇工费用 | | | | | |
| 土地成本 | 流转地租金 | | | | | |
| | 自营地折租 | | | | | |
| 其他成本 | | | | | | |
| 总成本 | | | | | | |

## 附录3.1 大田管理阶段物资服务费投入调查表

| 投入要素 | 投入主体<br>详细情况 | 单位 | 烟农 数量 | 烟农 单价 | 烟农 金额 | 合计 | 备注 |
|---|---|---|---|---|---|---|---|
| （一）直接费用 | | | | | | | |
| 1. 化肥采购成本 | ①磷肥 | 公斤 | | | | | |
| | ②钾肥 | 公斤 | | | | | |
| | 其他： | | | | | | |
| | 化肥运输费 | | | | | | |
| 2. 农药投入 | | | | | | | |
| | | | | | | | |
| | | | | | | | |
| 3. 租赁作业费 | 机械作业费 | 亩 | | | | | |
| | 排灌费 | 亩 | | | | | |
| | 其中：水费 | 吨 | | | | | |
| 4. 燃料动力费 | 燃油 | 公升 | | | | | |
| | 其他： | | | | | | |
| 5. 工具材料费 | 水桶 | | | | | | |
| | 其他： | | | | | | |
| | | | | | | | |
| 6. 修理维护费 | 农机具维修费 | | | | | | |
| 7. 其他直接费用 | | | | | | | |
| （二）间接费用 | | | | | | | |
| 1. 固定资产折旧 | 拖拉机 | 台班 | | | | | |
| | 三轮车 | 台班 | | | | | |
| | 喷雾器 | 台班 | | | | | |
| | 其他固定资产： | | | | | | |
| 2. 管理费 | | | | | | | |
| 3. 财务费 | | | | | | | |
| 其他物资服务费 | | | | | | | |
| **费用合计** | | | | | | | |

## 附录3.2 大田管理阶段人工成本投入调查表

<table>
<tr><th rowspan="3">投入主体<br>用工项目</th><th rowspan="3">单位</th><th colspan="4">烟农</th><th colspan="4"></th><th rowspan="3">合计</th><th rowspan="3">备注</th></tr>
<tr><th colspan="4">家庭用工</th><th colspan="4">雇工用工</th></tr>
<tr><th>用工数量</th><th>用工单价</th><th>折合用工数量</th><th>金额（元）</th><th>用工数量</th><th>用工单价</th><th>折合用工数量</th><th>金额（元）</th></tr>
<tr><td>用工方式及详细情况</td><td></td><td></td><td></td><td></td><td></td><td></td><td></td><td></td><td></td><td></td><td></td></tr>
<tr><td>1. 除草用工</td><td>工</td><td></td><td></td><td></td><td></td><td></td><td></td><td></td><td></td><td></td><td></td></tr>
<tr><td>2. 中耕、上厢用工</td><td>工</td><td></td><td></td><td></td><td></td><td></td><td></td><td></td><td></td><td></td><td></td></tr>
<tr><td>3. 追肥用工</td><td>工</td><td></td><td></td><td></td><td></td><td></td><td></td><td></td><td></td><td></td><td></td></tr>
<tr><td>4. 打顶抹芽用工</td><td>工</td><td></td><td></td><td></td><td></td><td></td><td></td><td></td><td></td><td></td><td></td></tr>
<tr><td>5. 浇水用工</td><td>工</td><td></td><td></td><td></td><td></td><td></td><td></td><td></td><td></td><td></td><td></td></tr>
<tr><td>6. 排水用工</td><td>工</td><td></td><td></td><td></td><td></td><td></td><td></td><td></td><td></td><td></td><td></td></tr>
<tr><td>7. 打药用工</td><td>工</td><td></td><td></td><td></td><td></td><td></td><td></td><td></td><td></td><td></td><td></td></tr>
<tr><td>8. 打脚叶用工</td><td>工</td><td></td><td></td><td></td><td></td><td></td><td></td><td></td><td></td><td></td><td></td></tr>
<tr><td>9. 物资运输用工</td><td>工</td><td></td><td></td><td></td><td></td><td></td><td></td><td></td><td></td><td></td><td></td></tr>
<tr><td>10. 日常管理用工</td><td>工</td><td></td><td></td><td></td><td></td><td></td><td></td><td></td><td></td><td></td><td></td></tr>
<tr><td>其他用工：</td><td></td><td></td><td></td><td></td><td></td><td></td><td></td><td></td><td></td><td></td><td></td></tr>
<tr><td>合计</td><td></td><td></td><td></td><td></td><td></td><td></td><td></td><td></td><td></td><td></td><td></td></tr>
</table>

注：单位用"工"表示的意思分别为：用工数量即该项目用了多少个工；用工单价即该项目一个工多少钱；折合用工数量即指前面的用工数量中全部折合成中年劳动力后的用工数量；金额＝用工单价×折合用工数量。

## 附录4 烘烤分级交售阶段成本调查表（汇总表）

调查时间：___年___月___日　　调查地点：_____　　调 查 人：_____
调查农户：_____　　联系方式：_____　　种植面积：_____亩
生产组织形式：_____　　生产方式：_____

| 投入要素 \ 投入主体 \ 名称 | | 烟草公司 | 烟农 | 政府 | 合计 | 备注 |
|---|---|---|---|---|---|---|
| 物资与服务费用 | （一）直接费用 | | | | | |
| | 1. 租赁作业费 | | | | | |
| | 2. 燃料动力费 | | | | | |
| | 3. 技术咨询费 | | | | | |
| | 4. 工具材料费 | | | | | |
| | 5. 修理维护费 | | | | | |
| | 6. 销售费用 | | | | | |
| | 7. 其他直接费用 | | | | | |
| | （二）间接费用 | | | | | |
| | 1. 固定资产折旧 | | | | | |
| | 2. 管理费 | | | | | |
| | 3. 财务费 | | | | | |
| 人工成本 | 家庭用工折价 | | | | | |
| | 雇工费用 | | | | | |
| 其他成本 | | | | | | |
| **总成本** | | | | | | |

## 附录 4.1　烘烤分级交售阶段物资服务费投入调查表

| 投入要素 | 投入主体详细情况 | 单位 | 烟农 数量 | 烟农 单价 | 烟农 金额 | 合计 | 备注 |
|---|---|---|---|---|---|---|---|
| （一）直接费用 | | | | | | | |
| 1. 租赁作业费 | 专业化烘烤服务费 | 亩 | | | | | |
| | 专业化分级服务费 | 亩 | | | | | |
| | 机械作业费 | | | | | | |
| | 其中：鲜烟运输费 | 炕 | | | | | |
| | 干烟运输费 | 炕 | | | | | |
| 2. 燃料动力费 | 燃油 | 公升 | | | | | |
| | 煤 | 吨 | | | | | |
| | 电 | 度 | | | | | |
| | 其他： | | | | | | |
| 3. 工具材料费 | 铁锹 | | | | | | |
| | 其他： | | | | | | |
| 4. 修理维护费 | 农机具维修费 | | | | | | |
| 5. 销售费用 | | | | | | | |
| 6. 其他直接费用 | | | | | | | |
| （二）间接费用 | | | | | | | |
| 1. 固定资产折旧 | 拖拉机 | 台班 | | | | | |
| | 三轮车 | 台班 | | | | | |
| | 其他固定资产： | | | | | | |
| 2. 管理费 | | | | | | | |
| 3. 财务费 | | | | | | | |
| 其他物资服务费 | | | | | | | |
| 费用合计 | | | | | | | |

## 附录 4.2 烘烤分级交售阶段人工成本投入调查表

| 投入主体 | 单位 | 烟农 家庭用工 用工数量 | 烟农 家庭用工 用工单价 | 烟农 家庭用工 折合用工数量 | 烟农 家庭用工 金额（元） | 烟农 雇工用工 用工数量 | 烟农 雇工用工 用工单价 | 烟农 雇工用工 折合用工数量 | 烟农 雇工用工 金额（元） | 合计 | 备注 |
|---|---|---|---|---|---|---|---|---|---|---|---|
| 用工项目 用工方式及详细情况 | | | | | | | | | | | |
| 1. 烟叶采收用工 | 工 | | | | | | | | | | |
| 2. 鲜烟运输用工 | 工 | | | | | | | | | | |
| 3. 上炕用工 | 工 | | | | | | | | | | |
| 4. 烘烤过程管理用工 | 工 | | | | | | | | | | |
| 5. 下炕用工 | 工 | | | | | | | | | | |
| 6. 解杆用工 | 工 | | | | | | | | | | |
| 7. 分级扎把用工 | 工 | | | | | | | | | | |
| 8. 烟叶交售用工 | 工 | | | | | | | | | | |
| 9. 拔烟杆及田间清理用工 | 工 | | | | | | | | | | |
| 10. 冬翻用工 | 工 | | | | | | | | | | |
| 其他用工： | | | | | | | | | | | |
| 合计 | | | | | | | | | | | |

# 参考文献

程钧谟、王磊、王玉秀：《供应链企业间知识共享的复杂网络特征分析》，《中国管理信息化》2012年第17期。

崔传斌、王开盛：《农村劳动力转移与农业规模化经营——以陕西省铜川市烟叶生产农场化为例》，《农业经济问题》2008年第4期。

但斌、伏红勇、徐广业、陈伟：《风险厌恶下天气影响产出的农产品供应链协调》，《系统工程学报》2014年第3期。

但斌、伏红勇、徐广业、陈伟：《考虑天气与努力水平共同影响产量及质量的农产品供应链协调》，《系统工程理论与实践》2013年第9期。

方健、徐丽群：《信息共享、碳排放量与碳信息披露质量》，《审计研究》2012年第4期。

伏红勇、但斌：《不利天气影响下"公司+农户"型订单契约设计》，《中国管理科学》2015年第11期。

郭江平：《扩大土地经营规模与提高农业效率并行不悖》，《理论探索》2003年第3期。

韩俊：《推进"三化"同步发展开创"三农"工作新局面》，《中国国情国力》2011年第5期。

郝明玉、陈俊国：《河南省地级市农业生产效率的DEA研究》，《江西农业学报》2012年第9期。

洪名勇、龙婷、董超：《基于DEA的西部地区农业循环经济效率》，《农业经济》2012年第10期。

胡书东：《家庭农场：经济发展较成熟地区农业的出路》，《经济研究参考》1996年第5期。

黄兵：《贵州农村信息化发展存在的问题及发展策略》，《贵州财经大学学报》2010年第4期。

贾晋、蒲明：《购买还是生产：农业产业化经营中龙头企业的契约选择》，《农业技术经济》2010年第11期。

蒋和平、宋莉莉：《美国的现代农业模式》，《中国科技投资》2008年第9期。

孔祥智、程泽南：《京津冀农业差异性特征及协同发展路径研究》，《河北学刊》2017年第1期。

李昌来：《贵州发展现代农业的新指南——学习国发2号文件有感》，《贵阳市委党校学报》2012年第3期。

李明刚：《我国农业产业化契约稳定性分析》，《经济体制改革》2007年第3期。

李尚红：《从美国的家庭农场制度看我国农业生产组织形式的创新》，《全国商情·经济理论研究》2006年第7期。

廖祖君、郭晓鸣：《中国农业经营组织体系演变的逻辑与方向：一个产业链整合的分析框架》，《中国农村经济》2015年第2期。

刘凤芹：《农业土地规模经营的条件与效果研究：以东北农村为例》，《管理世界》2006年第9期。

刘红英：《关于农民专业合作经济组织发展》，《时代金融旬刊》2014年第8期。

刘建刚、马德清：《基于知识共享的供应链协同创新演化博弈分析》，《常州大学学报》（社会科学版）2016年第4期。

刘克春：《农业企业与农户的社会网络对企业绩效的影响分析——基于产业化经营的中小农业企业调查》，《中国农村经济》2015年第9期。

刘莉、武云亮：《基于DEA模型的我国农业生产效率研究》，《重庆科技学院学报》（社会科学版）2012年第2期。

刘喜波、张雯、衣莹：《我国农业发展规划研究的现状与展望》，《江苏农业科学》2012年第7期。

刘战伟：《河南省农业全要素生产率的动态实证分析：基于DEA模型

的 Malmquist 指数方法》,《贵州农业科学》2011 年第 2 期。

龙海、刘小平、黄河:《贵州省农村信息化服务现状实证分析与发展对策》,《南方农业学报》2014 年第 1 期。

马彦丽、董进才:《我国农民专业合作社研究的回顾与评价》,《河北经贸大学学报》2006 年第 2 期。

孟飞:《农村大户领办合作社:生成、影响及其规制》,《农业经济问题》2016 年第 9 期。

聂辉华:《最优农业契约与中国农业产业化模式》,《经济学(季刊)》2013 年第 1 期。

浦徐进、范旺达、吴亚:《不同契约下的农户与公司双边努力投入研究》,《系统工程学报》2016 年第 2 期。

秦开大、李腾:《多不确定条件下的订单农业供应链研究》,《经济问题》2016 年第 2 期。

全斌、李壁成、陈其春:《日本"midori"模式对华南现代都市生态农业发展的启示》,《热带地理》2010 年第 1 期。

史宏志、郑文冉、杨超、徐小洪:《美国烟草经济政策对我国现代烟草农业建设的启示》,《河北农业科学》2009 年第 11 期。

宋朝鹏、段史江、张文平、任胜超、许自成、宫长荣:《DEA 方法在现代烟草农业资源配置效率评价中的应用》,《云南农业大学学报》2011 年第 2 期。

宋玮楠、王西、张奥:《不同信息共享模式下信息生态链的盈利模式分析》,《情报科学》2014 年第 8 期。

滕明雨、张磊、李敏:《贵州农业发展方向——原生态农业》,《农业现代化研究》2013 年第 6 期。

万宝瑞:《加快提高我国农业竞争力的思考》,《农业经济问题》2016 年第 4 期。

王文利、薛耀文:《农业供应链复杂网络企业间信息共享风险的仿真》,《系统仿真学报》2009 年第 19 期。

王燕、杨文瀚:《供应链企业信息共享的博弈分析与对策》,《商业研究》2005 年第 19 期。

王永平、金莲、刘良灿、刘希磊：《贵州发展现代农业的路径与模式研究》，《贵州农业科学》2009 年第 3 期。

吴德胜：《农业产业化中的契约演进——从分包制到反租倒包》，《农业经济问题》2008 年第 2 期。

吴秀敏、林坚：《农业产业化经营中契约形式的选择：要素契约还是商品契约——一种基于 g－h－m 模型的思考》，《浙江大学学报》（人文社会科学版）2004 年第 5 期。

伍应德：《基于生态环境的贵州喀斯特山区现代农业发展模式探讨》，《贵州农业科学》2013 年第 8 期。

咸春龙：《论农业产业化经营与农民组织化问题》，《农业经济问题》2002 年第 2 期。

向小东、陈美燕：《供应链企业信息共享演化博弈》，《福州大学学报》（哲学社会科学版）2011 年第 5 期。

肖文博、张季中、杨玉：《从循环经济角度研究我国现代农业发展趋势》，《改革与开放》2014 年第 12 期。

辛良杰、李秀彬、朱会义、刘学军、谈明洪、田玉军：《农户土地规模与生产率的关系及其解释的印证——以吉林省为例》，《地理研究》2009 年第 5 期。

许英：《土地承包经营权入股合作社制度选择与制度优化》，《云南财经大学学报》2012 年第 4 期。

姚冠新、徐静：《产出不确定下的农产品供应链参与主体决策行为研究》，《工业工程与管理》2015 年第 2 期。

叶飞、林强、莫瑞君：《基于 B－S 模型的订单农业供应链协调机制研究》，《管理科学学报》2012 年第 1 期。

尹成杰：《关于农业产业化经营的思考》，《管理世界》2002 年第 4 期。

尹成杰：《农业产业化经营与农业结构调整》，《中国农村经济》2001 年第 5 期。

张宏永、刘伟平：《烟农种植规模效率及影响因素分析：以福建为例》，《贵州农业科学》2011 年第 12 期。

张建:《贵州省现代农业发展研究》,《贵州农业科学》2010年第7期。

张可成、王孝莹、李慧贞:《我国农业产业化组织中契约制稳定性的博弈研究》,《山东科技大学学报》(社会科学版)2006年第3期。

张昕瑞、王恒山:《基于价值增值的复杂供应链网络动态合作联盟研究》,《工业技术经济》2013年第2期。

赵凯、魏珊、毕影:《农户加入不同农业产业化经营模式意愿的影响因素分析》,《华中农业大学学报》(社会科学版)2013年第3期。

郑银粉、叶飞、陈颖:《具有价格参照效应的订单农业供应链决策模型》,《数学的实践与认识》2014年第10期。

周立群、曹利群:《商品契约优于要素契约——以农业产业化经营中的契约选择为例》,《经济研究》2002年第1期。

Ahumada O., Villalobos J. R., "Application of planning models in the agri-food supply chain: A review", *European Journal of Operational Research*, Vol. 196, No. 1, 2009.

Amirteimoori, Alireza, M. Shafiei, "Measuring the efficiency of interdependent decision making sub-units in DEA", *Applied Mathematics Computation*, No. 173, 2006.

Baker G., "Relational contracts and the theory of the firm", *Quarterly Journal of Economics*, Vol. 117, No. 1, 1997.

Banker R. D., Charnes A., Cooper W. W., "Some models for estimating technical and scale inefficiencies in data envelopment analysis", *Management Science*, Vol. 30, No. 9, 1984.

Boyd G., Färe R., "Measuring the efficiency of decision making units: a comment", *European Journal of Operational Research*, Vol. 15, No. 3, 1984.

Burer S., Jones P. C., Lowe T. J., "Coordinating the supply chain in the agricultural seed industry", *European Journal of Operational Research*,

Vol. 185, No. 1, 2008.

Cachon G. P. , "Supply chain coordination with contracts. Handbooks in Operations Research", *Management Science*, Vol. 11, No. 11, 2003.

Cachon G. P. , Lariviere M. A. , "Supply chain coordination with revenue – sharing contracts: strengths and limitations", *Management Science*, Vol. 51, No. 1, 2005.

Cai X. , Chen J. , Xiao Y. , Xu X. , "Optimization and coordination of fresh product supply chains with freshness – keeping effort", *Production Operations Management*, Vol. 19, No. 3, 2010.

Cao M. , Zhang Q. , "Supply chain collaboration: impact on collaborative advantage and firm performance", *Journal of Operations Management*, Vol. 29, No. 3, 2011.

Chaddad F. R. , Cook M. L. , "Understanding new cooperative models: an ownership – control rights typology", *Applied Economic Perspectives and Policy*, Vol. 26, No. 3, 2004.

Charnes A. , Cooper W. W. , Rhodes E. , "Measuring the efficiency of decision making units", *European Journal of Operational Research*, Vol. 2, No. 6, 1978.

Chopra S. , Meindl P. , "Supply chain management: strategy, planning and operation", *Transactions*, Vol. 34, No. 2, 2002.

Dyson R. G. , Allen R. , Camanho A. S. , Podinovski V. V. , Sarrico C. S. , Shale E. A. , "Pitfalls and protocols in dea", *European Journal of Operational Research*, Vol. 132, No. 2, 2001.

El F. R. , Saliba W. , Mortada R. , "The impact of yield-dependent trading costs on pricing and production planning under supply and demand uncertainty", *Manufacturing Service Operations Management*, Vol. 13, No. 3, 2011.

Emrouznejad A. , Anouze A. L. , Thanassoulis, E. , "A semi-oriented radial measure for measuring the efficiency of decision making units with negative data, using dea", *European Journal of Operational Research*,

Vol. 200, No. 1, 2010.

Färe R., Grosskopf S., "Measuring output efficiency", *European Journal of Operational Research*, Vol. 13, No. 2, 1983.

Giannoccaro I., Pontrandolfo P., "Supply chain coordination by revenue sharing contracts", *International Journal of Production Economics*, Vol. 89, No. 2, 2004.

Grossman S. J., Hart O. D., "The costs and benefits of ownership: a theory of vertical and lateral integration", *Journal of Political Economy*, Vol. 94, No. 4, 1986.

Hart O. D., Moore J., "Property rights and nature of the firm", *Journal of Political Economy*, Vol. 98, No. 6, 1990.

Heap J., "Supply chain management: strategy, planning and operation", *International Journal of Productivity and Performance Management*, Vol. 56, No. 4, 2007.

Hendrikse G. W. J., "Screening, competition and the choice of the cooperative as an organisational form", *Journal of Agricultural Economics*, Vol. 49, No. 2, 1998.

However., "Emergency coordination model of fresh agricultural products' three-level supply chain with asymmetric information", *Mathematical Problems in Engineering*, Vol. 2016, No. 3, 2016.

Jang W., Klein C. M., "Supply chain models for small agricultural enterprises", *Annals of Operations Research*, Vol. 190, No. 1, 2011.

Khodabakhshi M., Rashidi S., Asgharian M., Neralić, L., "Sensitivity analysis of input relaxation super efficiency measure in data envelopment analysis", *Data Envelopment Analysis Journal*, No. 1, 2014.

Lee H. L., Padmanabhan V., Whang S., "Information distortion in a supply chain: the bullwhip effect", *Management Science*, Vol. 43, No. 4, 1997.

Louviere J. J., Woodworth G., "Design and analysis of simulated consumer choice or allocation experiments: an approach based on aggregate data", *Journal of Marketing Research*, Vol. 20, No. 4, 1983.

Melo M. T., Nickel S., Saldanha-Da-Gama, F., "Facility location and supply chain management – a review", *European Journal of Operational Research*, Vol. 196, No. 2, 2009.

Opara L. U., "Traceability in agriculture and food supply chain: a review of basic concepts, technological implications, and future prospects", *European Journal of Operational Research*, Vol. 1, No. 1, 2003.

Oral M., Oukil A., Malouin J. L., Kettani O., "The appreciative democratic voice of dea: a case of faculty academic performance evaluation", *Socio-Economic Planning Sciences*, Vol. 48, No. 1, 2014.

Patnayakuni R., Rai A., Seth N., "Relational antecedents of information flow integration for supply chain coordination", *Journal of Management Information Systems*, Vol. 23, No. 1, 2014.

Qi X., Bard J. F., Yu G., "Supply chain coordination with demand disruptions", *Omega*, Vol. 32, No. 4, 2004.

Schipmann C., Qaim M., "Supply chain differentiation, contract agriculture, and farmers' marketing preferences: the case of sweet pepper in Thailand", *Food Policy*, Vol. 36, No. 5, 2011.

Sengupta J. K., "Measuring dynamic efficiency under risk aversion", *European Journal of Operational Research*, Vol. 74, No. 1, 1994.

Shih M. H., "holistic knowledge sharing framework in high-tech firms: game and co-opetition perspectives", *International Journal of Technology Management*, Vol. 36, No. 4, 2006.

Taylor T. A., "Supply chain coordination under channel rebates with sales effort effects", *Management Science*, Vol. 48, No. 8, 2002.

Tone K., "A slacks-based measure of efficiency in data envelopment analysis", *European Journal of Operational Research*, Vol. 130, No. 3, 2001.

Waldron S., Brown C., Longworth J., "A critique of high-value supply chains as a means of modernising agriculture in china: the case of the beef industry", *Food Policy*, Vol. 35, No. 5, 2010.

Wang Y. M., Chin K. S., Yang J. B., "Measuring the performances of decision-making units using geometric average efficiency", *Journal of the Operational Research Society*, Vol. 58, No. 7, 2007.

Zhang R., "Current situation, problems and countermeasures of modern agricultural construction in bijie experimental area", *Asian Agricultural Research*, No. 9, 2013.